"青春读书课"讲义

成长教育系列读本

WODELINGHUN
MEIYOUYISIBAIFA

我的灵魂没有一丝白发

《人间的诗意》讲义

严凌君 著

海天出版社

·深圳·

图书在版编目（CIP）数据

我的灵魂没有一丝白发：《人间的诗意》讲义 / 严
凌君著. — 深圳 : 海天出版社, 2021.10
ISBN 978-7-5507-3217-9

Ⅰ.①我… Ⅱ.①严… Ⅲ.①抒情诗—世界—中学—
课外读物 Ⅳ.①G634.303

中国版本图书馆CIP数据核字(2021)第136869号

我的灵魂没有一丝白发 ：《人间的诗意》讲义

WO DE LINGHUN MEIYOU YISI BAIFA : RENJIAN DE SHIYI JIANGYI

出 品 人　聂雄前
责任编辑　孙 艳
责任技编　梁立新
责任校对　万妮霞
封面设计　蒙丹广告

出版发行　海天出版社
地　　址　深圳市彩田南路海天综合大厦（518033）
网　　址　www.htph.com.cn
电　　话　0755-83460239（邮购、团购）
设计制作　深圳市龙瀚文化传播有限公司 0755-33133493
印　　刷　深圳市华信图文印务有限公司
开　　本　787mm×1092mm　1/16
印　　张　13.25
字　　数　200千
版　　次　2021年10月第1版
印　　次　2021年10月第1次
定　　价　39.80元

目 录
C O N T E N T S

第一讲 我来到这个世界

讲授篇目

〔俄国〕巴尔蒙特《我来到这个世界》

〔古埃及〕《亡灵书·太阳礼赞》

〔古印度〕《梨俱吠陀·大地》

〔古埃及〕《亡灵书·宛若莲花》

〔俄国〕古米廖夫《童年》

〔英国〕狄兰·托马斯《催动花朵的力》

〔希腊〕埃利蒂斯《喝饮科林斯的太阳》

人生诗意的萌芽

一学期选修"人间的诗意"的居然有近百名同学，我觉得有点诧异。不过，联想到每一个青年天生都是渴求诗意人生的，我又感到欣慰。

我们都知道，诗歌是美丽的，它可以用简单的语句直击人心。请大家先听一个故事：

在一个大雪纷飞的寒冬的傍晚，城市的墙角处蜷缩着一个年迈的乞丐，乞丐的眼睛看不见，他请人写了一块牌子，上面写着："各位行行好，施舍一点吧，可怜可怜我这个盲人吧。"但来往的行人不为所动，旁若无人地从盲人的身旁走过去了，没有谁愿意施舍一点钱。这时，一个青年人路过，他停下观望了一会儿，抹掉乞丐牌子上的字，又重新写了一句话。于是，奇妙的情景出现了：路过的人看见这句话，都纷纷停下来从口袋里拿出一些钱给这个乞丐。乞丐很惊讶，他问那位青年："天呐，您是天使吗？"青年说："我不是天使，我只是个诗人。"乞丐很疑惑："您帮我干了什么，使得大家都善心大发？"诗人说："我什么也没做，只是在你的牌子上改了一句话而已。那个牌子上现在写着：春天就要来了，可是我看不见它。"

大家想一下，为什么之前那句话行人看了无动于衷，而后来的那句话却让人纷纷伸出援助之手呢？"春天就要来了，可是我看不见它。"这是一句诗，一句美丽的诗。它的诗意表现在哪里呢？它充分地表现了乞讨者的特征——他是个盲人，同时也触动了我们这些身体健康的人的神经，正常人的日常享受那乞讨者却无法拥有。诗人用简单的诗句把这些事实呈现出来。大雪纷飞过后，春天就会到来，万物复苏，百花盛开，生机盎然，到处是一派朝气蓬勃的景象。景色很美，可惜的是：我看不见。春天象征着生命的美好，但这个人却无法感受到这美好的世界，终生要处于黑暗的寒冬之中。一句新鲜的诗，触动了我们心中最柔软的角落，就这样打动了路人。

诗是什么？它是最美丽的语言，它是发自内心的声音，又是直击人心的声音。它发自诗人的内心而又能触动别人的内心，它不是分行排列押韵的废话。它是简练、精粹、有创造性的语言，它用最美的语言说出最触动人心的内容，它不是平淡无趣的几行字的排列组合。诗歌又是最需要创意的，即使是发自内心的话。由此，我们可以初步明白诗歌最重要的三个特点：第一，它是美的动人的语言；第二，它是真的善的情感；第三，它是富有创意的想象力的结晶。

诗歌是文学王冠上的明珠，它是美得最易让人感动的文学形式。诗意地栖居在大地上，是人类最高远的追求。如果你只是吃饱喝足便满足了，那么这只是平庸的人生。诗意是人生中最可宝贵的那一部分，即使是谈情说爱，若没有诗意的语言也不会有美感，若你们在青春年少时没有对诗意的追求，那么你的人生多半平庸。每个青年人都是诗人，这诗意虽然会稍显幼稚，却青涩动人。一旦当什么都不能感动你时，你的心灵便将不再柔软，将不能再容纳新事物，由此说来，青年人的不成熟反而是另外一种美好，所以我们应该趁着还年轻的时候，追求诗意的人生。这样我们就有机会接受一切的美好，让我们的心灵能有所开发，通过这门课，希望能让你发现自己心中诗意的萌芽。

我来到这个世界，为了……

"我来到这个世界是干什么的"，你想过吗？你或许会说：我来到这个世界完全不是我的选择，是我的父母武断地让我降生的。没错，话虽如此，但从生物学上说，你已是竞争的优胜者了——你在数千万个竞争者中获得了头奖，你是命定的王子或公主。我们一旦降生，越幼小的时候，环境对我们的影响就越大，但当我们成长了，越大越可以改变环境。青春时节是你铸造人格的时期，你理应思考：我来到这个世界，究竟是为何而来？

人类降生时，伴随着的是哭泣。在哲学意义上，有人说，人生是一个痛苦的历程，在活着的时候要尽可能地夺取欢乐。这很有意思，人生是苦闷的，不可能一直飘飘然，然而，我们活一辈子并不是为了受苦，如果一生都是为受苦，你愿意降生吗？在座的很多人都说不愿意，但事实上，有许多人是愿意的，他们就是那些有信仰的人。当你的人生遇到苦难时，你会崇敬那些人，因为他们能更加坚定地鄙视痛苦。

当然，我们生下来不是为了受苦，而是本能地希望从日常生活中体会生命的乐趣，即使是愿意为了信仰而受苦的人，也是为了追求某种欢乐而活着。人生可以经历苦难，但不是为了追求苦难，人生是为了追求欢乐，在这个背景下读俄国诗人巴尔蒙特的这首诗，便不难理解了。

作者用了一句很特别的话来解释自己来到世界的原因：

我来到这个世界，为了看见太阳。

这是一句很有意思的话。举个例子：中秋之夜，我去了学校旁边的四海公园，那里"长"满了野草般的人群，大家都在吃月饼、聊天，非常尽兴，却几乎没有人抬头看看天上的月亮。中秋节本来是为了赏月的，但是人们的兴趣只在月饼和人身上，"中秋赏月"只是个幌子，结果是人赏月饼，人赏人。（这个情形就像明末的小品文大师张岱所写的《西湖七月半》一样，有兴趣的同学不妨找原文一读）当我们的目光只关注鼻子底下那点子事物的时候，我们很难看到遥远的事物，于是你的目光开始受到压缩，与此同时你的心灵也将受到压缩。庆幸的是，当时我看到有人在放烛光纸船，他们用有形的纸船寄放着心中无形的月光。

人所能看见的最耀眼的星辰是太阳，太阳是生命之源，它赋予生命能量，"看见太阳"是热爱生命的象征，人活着最重要的就是爱。"爱情的歌谣激起我的幻想，人们因而喜爱我的诗章"，这个爱是泛指人间最美好的情感，是对人的爱和对生命、大地、万物本身的爱。人来到世上，就是为了爱，不是为了丑陋的东西而活着，那样会令人讨厌，也会自我厌弃。我们是为了美好的事物而活着。

——如果我来到这个世界上，却从来不抬头看太阳，便不会发现生命的美好，感谢诗人发现了它。

古老的动物冲动

人类对太阳的崇拜，源于一种古老的动物冲动。五千年前古埃及的《亡灵书》，是一本给死去的人的灵魂在阴间旅行时的行动指南，第一篇就是《太阳礼赞》：

> 你的黎明，啊太阳神，展开了新的地平线，
>
> 而每一个你造来让人生活的国土
>
> 都被你的爱所征服，当快乐的白昼
>
> 在欢喜的平安中，追随着你的脚步。

太阳是巨大的神灵，光照人间，给人以温暖，用博大无边的爱呵护着天下生灵，令万物欢欣。古埃及人用歌声表达出对生命之源——太阳的崇敬。相对于太阳的慷慨恩赐，人类的回报尽管微小，但是虔诚；个人的生命尽管短暂有限，但是对生命辉煌的渴望却是巨大无边——"举我起来罢，你的儿子"，这是每一个人在心底对太阳神的由衷祈祷。

从四千年前古印度的诗句里面，我们又可以听见那时的人民对土地的感恩之情。《梨俱吠陀·大地》：

> 真的，你就这样承受了
>
> 山峰的重压，大地啊！
>
> 有丰富水流的你啊！用大力
>
> 润泽了土地。伟大的你啊！

太阳是父亲，大地是母亲，这是古老文明的判断。土地像母亲一般

的伟大，如同摇篮一般养育着人民。"你就这样承受了山峰的重压，大地啊！"富有感染力的诗句，饱含深情、崇敬与怜惜，直白的天真的赞颂句子，让人瞬间心领神会，感受到大地像母亲，伟大而艰辛。

人是自然的一部分，人不应该想着征服自然，统治生物，而是应该与大自然协调发展，和谐共存。现在人与自然的关系已经越来越疏远了。一到夏天就开着空调，到了冬天就开暖气。脚底下多了四个轮子，脚板很少有机会再与土地接触。我们似乎忘记了人只是自然中的一个成员，忘记了人与自然唇齿相依的原始关系，读远古的诗歌，可以恢复我们与自然的健康联系，其目的，是认识人类本身。

生命纯洁如莲花

我是纯洁的莲花，
拉神的气息养我，
辉煌地发芽。

我从黑暗的地下
升入阳光世界，
在田野开花。

——《亡灵书·宛若莲花》

古埃及人相信，一个人来到人间，宛如一朵清纯的莲花。众所周知，东方文化对莲花的赞美是极高的，说它出淤泥而不染。古埃及人用莲花比喻刚出生的人，可见其对生命的初始的评价：清纯、美丽。生命可以如此简洁而美丽，像一朵清爽、朴素的莲花。如何拥有这样美丽的生命呢？

我来到这个世界上不只是为了看一眼太阳，而是太阳先看顾了我，让我从黑暗的地下来到这个世上，一抬头，我第一眼看见的就是太阳。这里有个生命轮回的观念，生命是生生不息的轮回转世，科学上说轮回是迷信，但地球上的万物都有着无尽的联系，生命是生生不息的，俗话说百年修得同船渡，物质是不灭的，你的尸体腐烂后，你留在人间的信息并未消失。

每个人来到人世，是为了像莲花一样绽放。每个人来到人世，都应该拥有一个美好的人生，这是人的天命 —— 来自生命的命令。

一切的生命息息相关

英国诗人华兹华斯在《写于早春》中说：

> 我深信每朵花不论大小，
> 都能享受它呼吸的空气。

大自然是如此和谐美好，而人类却相互仇视与残害。拿自然法则与人类法则对照，"难道我没有理由悲叹，人怎样对待着人！"俄国诗人古米廖夫在《童年》一诗中描述童年的自己在草地上嬉戏，并延续华兹华斯的思路：

> 比之青草碧绿的汁液，
> 人的鲜血并不更崇高圣洁。

这令人想起福楼拜的"按时看日出"，作家王开岭感叹道："无论何时何地，我们只有恢复孩子般的好奇与纯真，只有像儿童一样精神明亮、目光清澈，才能对这世界有所发现，才能比平日看到更多，才能从最平凡的事物中注视到神奇与美丽。"诗人，就是人类的童心啊。

通过绿色的茎管催动花朵的力
也催动我绿色的年华，使树根枯死的力
也是我的毁灭者。

我们且不说生命轮回，我们说的是生生不息，宇宙有一种自然规律，所有的生命都要经历从生长到茂盛再到衰老，而人与大地，息息相通，亲密无间，一种内在的力把人与自然维系在一起，荣枯与共，生死相依。每一阵微风吹过，并非与你无关；每一棵树被砍伐，你不知道断了哪一条胳膊；每一条水流的干涸，你不知道堵塞了哪一条血管；每一朵鲜花的开放，你不知道是哪一条舌头开始发声；每一片草地被水泥覆盖，你不知道哪一块肌肉会生疼发酸。睁开你麻木迟钝的双眼，看清楚，你皮肤外面的事物，就是你身体的延展；你的想象力触摸到的世界，就是你灵魂的疆界。这就是生命的一般规律，你要尊重自己，也要尊重其他生命。这也是英国诗人狄兰·托马斯的诗作《催动花朵的力》所要表达的意思。

诗人普希金，在流放的苦难岁月中，为什么要去看大海，并写下这首气势磅礴的《致大海》？他要从大海中汲取生命的能量："大海，自由的元素。"当代希腊诗人埃利蒂斯，居然要"喝饮科林斯的太阳"，他要吸收太阳的热量，以一种新人类的姿态，创造一个美丽的新世界。是大自然，赋予人类持续生存下去的巨大力量，诗人礼赞太阳、大地和大海，就是呼唤这种永不衰竭的生命力。

古往今来的诗人，一直在用最美丽的语言呼唤后人：读诗吧！请你进入诗意的世界。去读诗，去领略那无以言说的感动，沐浴我们的精神尘埃。读诗，让我们口有余香，心有光明。

"人间的诗意"开讲第一回，让我们经常提醒自己，抬头看一看太阳！

下节课，让诗人带领我们用心去看一看星辰，看一看树木！

看一看教室之外、教科书之外的世界，寻找自己年轻的生命中应有的美丽诗意。

第二讲　星与树

讲授篇目

〖智利〗米斯特拉尔《对星星的许诺》

〖英国〗罗素·葛林《默想》

〖美国〗菊叶斯·基尔默《树》

〖美国〗惠特曼《在路易斯安那州我看见一棵橡树》

〖俄国〗叶赛宁《我沿着初雪散步》

天上一颗星，地上一个人

在我们人类的生活里，星和树是两个很有灵气的东西，总是低头不见抬头见，伴随着我们。对离我们自身很近的事物产生感情是人之常情。天上的星星和地上的树木跟普通事物不同的是，它们非常美。因而，对星与树的关心就是对美的关心。它们容易触动人的灵魂，所以，历来就是诗歌咏叹的对象。

每当夜深人静的时候，总有孤独的人抬头望望天，而我们的古人就有一句话：天上一颗星，地上一个人。意思是，我们任何一个生存在大地上的人，都对应着天上的一颗星。这是一种非常美好的希望，也就是说每个人都可以是天上的明星，你的一生不应该是暗淡无光的，注定应该是辉煌灿烂的。那么树呢？树是人类最好的伙伴，别忘记我们是从猴子变来的，我们曾经的家就是树。对不对？当我们从树上到地上，学会了直立行走，就变成了人，所以，树是我们对家园最古老的记忆。今天的主题就是：星与树。

只要你们看我，我会永远纯净

智利诗人米斯特拉尔，是美洲大陆第一位获得诺贝尔文学奖的女诗人。她的这首小诗《对星星的许诺》，写出了一种少女情怀。句子口语化，却很精美。读这首诗，你的耳边可以响起一首钢琴曲：《少女的祈祷》。或许，琴声所要表达的意思，用文字写下来，就是这首诗的样子。

这首诗完全是一个少女的口吻。想象不算新奇，但用心特别，从中你可以看见一个女孩的心事：她想干什么？她在干什么？她对星星宣誓，只要有星星眷顾着她，她就能一直纯净下去。任何一天都会有星星，它的生命比我们的生命更长久，她的意思是希望自己永远纯净——这是女孩的心声，纯净美好。冰心曾经有一首小诗是这样说的："轻云淡月的影里，风吹树梢——你要在那时创造你的人格。"冰心是以善写儿童诗闻名的，也是有少女情怀的。这一点和米斯特拉尔非常相似。为什么在万籁俱静的夜色底下，望着星空，会想到塑造自己的人格呢？这个时候，是你偶然脱离正常生活的轨道，来到自我的时间里，这个时候日常生活的一切都退隐到幕后了，忽然间你感觉直面着你自己的内心，与内在的自我迎面相逢，这时候对自己有所期望，你就会说一些平时不敢说、不愿说的话。这首诗中的抒情主人公，她就有一些纯真的遐想：天上的星星，我看你们的时候是充满温情的，你们看我的眼神是否也带有感情呢？你们在天上会寒冷吗？到了白天你们躲到哪儿去了呢？最后的想法是：我盯着星星的眼睛，向你们保证——只要你们看我，我会永远纯净。这话是什么意思啊？

当一个人心中有了一个重大决定的时候，喜欢指天发誓，对不对？小的时候，我们交朋友时会勾勾手指；长大了加入少先队、共青团、共产党都要庄严宣誓；在恋爱中，那些海誓山盟便是托付终身的诺言。人生就是由不断的许诺、践诺／悔诺构成的。信仰是对灵魂的允诺。加入一个党派是你和某种信念进行的一种约定。想一想，我们在未加入任何组织的情况下，为什么也会宣誓呢？这个小女孩对着星空宣誓，不是对组织的立约，而是出于自身的需求，与自己的灵魂签订契约。对天上的星辰许下的诺言是真诚的、自由的、自我的。这个纯真的少女，在夜空中发出的誓言是：希望自己一辈子，永远纯洁无瑕，质本洁来还洁去。这种心情各位能理解吗？她不想让自己的内心有任何污浊的东西、任何肮脏的东西。不要让自己的人生染上污点，所以对着纯净的星空发誓，对星星的诺言，是自我净化的祈祷，是对美好人生的渴望。这是一个没有人监督的许诺。如果年轻的时候有这么一个诺言，那真是太美好了，是不允许别人嘲笑的。

换一个，少年来看星空，情形又不一样了。

我，也是人间大地一颗活的星

相对于米斯特拉尔的少女的祈祷，英国诗人罗素·葛林的《默想》，却是一个男子汉的宣言。他对着满天的星星产生了恐惧，感觉自身渺小，人生短暂，在这种恐慌中，他要对星星挑战，他对星星的宣誓，用的是男子汉的方式——他的语气仿佛是摘下白手套，拔出长剑决斗似的直指星空：你是天上的星，而我也是人间的星。你毫无生机，故弄玄虚；而我有血有肉，年轻又充满活力，有大好人生在等着我，我可以在大地上如一颗闪亮的星一般活着，我要不虚此生地活着。

在美学里面，有一个原则，叫崇高。当你面对着一座高山的时候，你会发现自己很渺小；面对着浩瀚的大海的时候，你会感觉自己很脆弱。对大自然的那种崇高感到敬畏，让我们感到自己很渺小。同样地，这个少年，在浩瀚的星空底下，发现了自己的渺小，原因很简单：在还没有我之前，天上的星星已经存在亿万年了；在没有我之后，天上的星星依然会存在亿万年，我在时间上拼不过它。人的生命其实很短暂，在无限的、漫长的、永恒的事物面前，人必然会感到自己的脆弱、无助。这个时候有很多人会感到自卑，感到人生空虚，感到生存是没有意义的，因为生命实在是太短暂了。请看诗人是如何寻求力量，以防渺小感让自己坠入人生的无望：

星星是无限的存在，却是无情的，只不过是大气中一个破碎的固体，而我有血有肉，有生命、爱情、求知欲，生命虽短，但是鲜活。于是，诗人便找到了作为人的尊严。生命的确没有星星长久、闪亮，但是生命是活生生的，宇宙之中，生命是最崇高的，是活的生命就足以让人自豪了。所以，我不能让我有尊严的人性低头：天上的星星们，你们在那里光辉灿烂，想让我在你们面前跪下膜拜，是不可能的。虽然你们庞大、永恒、无边，但是你们不会笑，不会哭，不会苦闷，没有愿望，没有火一般的热情。你们只是无动于衷的没有生命的东西。天，你们也并没有比我更强大的力量，因为你们不能见，不能梦，不能变，甚至连死亡都不能，你们的存在又有什么意义呢？结论是：我不能在无量数的星星面前低头，那无声的矜庄并不能使我投降。你们在天上凉快着吧，我有我火热的人生。

面对星空，诗人感觉到自己人生的价值，我要过我的活色生香的一生，我不愿做这永恒的冰冷的东西。是不是一个很合理的升华？好，星先说到这里，我们现在说树。

诗人对一棵树谦卑

美国诗人菊叶斯·基尔默的《树》。一位诗人在树面前很谦卑，这种谦卑跟我们在星空面前感到自卑是两回事，这种谦卑是对树的一种赞美。诗人觉得这世界上的树太可贵了，我一首再美的诗都不如一棵普通的树那么可爱。它吸吮着大地的芬芳，高耸云天，整天在祈祷，居然会有美丽的鸟，在树上筑巢；到了冬天，白雪又躺在上面。所以这天然的可爱的东西，只有上帝才造得出来，而诗歌只是凡人愚夫所吟诵的玩意儿。

拿我们人类创造的最美好的东西——诗歌，来和上帝创造的万物之中的一种——树，两者比拼，最后发现人类创造的最好的东西都不如上帝随便创造出来的一个东西那么可爱。那么，这是不是说人类的无能呢？不是。他的落脚点的思想是什么呢？是人还是树？是树。对不对？他想对树这种造物表达一种无限的崇敬，爱到极致，便有了谦卑。所以，这是一种欲扬先抑的手法，贬低自己来褒扬树。这样的效果很好。如果喜欢树的人，真会有这种感觉，树真了不起。很多人遐想，来生不如做一棵树呢。

我做不到橡树般孤傲

我们再来看，美国最伟大的诗人，一个强悍的男子汉——惠特曼，他代表美国人发出了一种独特的声音。在他的眼里，他自己不如一棵橡树。请大家读这首诗：《在路易斯安那州我看见一棵橡树》。

惠特曼的诗作，又是另一种情怀。这首诗句子如散文一般，直抒胸臆。他发现在空旷的原野上的那棵橡树，没有同伴，一年四季按时生长，它可以不依靠任何人，而诗人联想到自己：我却不能这样，没有朋友和爱人、亲人，全然的孤独，我不能。他认为自己不能像橡树一样独自承担一个孤单的世界。

为什么惠特曼会说自己不如一棵树？他说了哪些理由？首先我和树有没有相似之处？外表粗犷、不屈、强壮，使我想起我自己。可是我到底还是不如它，一棵树孤独地立在一片旷野上，旁边没有另外一棵树，它不需要交朋友，也不需要谈情说爱，就立在那里，就有鸟来筑巢，自身还会长出苔藓。在这种情景下，它还可以在空中发出欢乐的笑声。想一想，我们人类做得到吗？做不到。为什么？因为人是群居动物。人必须和人生活在一起，才会有安全感，才能够生存下来。其实我们每一个人生存下来都依赖于别人的存在。如果没有别人，地球上只剩下你一个人，你就没办法活下去。这就是人和树的区别。这也意味着我们没有树一样的忍受极端孤独的能力。这首诗的目的是在说人还是在说树呢？对，是说人。我们要意识到自己的不足：我可以强壮得像一棵橡树，粗鲁、暴躁、摧毁一切，就自己活着，但最终还是得依赖于别人生存，再强大的人都得依靠别人才能活下来。这是人的基本需求，我们需要有别人才能感到自己是个人，我们需要有别人的劳动生产我们才能安全地活下去，我们更需要别人的理解、关爱，我们需要友情、亲情。人活在这个世界上，需要同类、伙伴。

多想在柳树的枝杈上，嫁接上我的两只手臂

俄国诗人叶赛宁，被高尔基称作"大自然专门为了诗歌，为了表达无穷无尽的'田野的哀愁'，为了表达对世上一切生命的爱和恻隐之心而创造出来的一个器官"。这个评价非常精彩，也非常到位，因为叶赛宁是一位非常纯真的诗人，以至纯真到无法承载自己的生命，后来自

杀了。他对人世间充满了纯真的爱。他的笔下有大量描写自然景色的诗篇，非常美丽。这首《我沿着初雪散步》实在是太美了。

　　设想一下，诗人写下这些诗句时，年老还是年轻？快乐还是沮丧？有情还是无情？多情还是薄情？为什么而多情？我们甚至不需要知道他为什么多情，我们只知道走在这寒冷的冬天雪野的诗人，心中充满了激情，所以，他看到的世界跟常人看到的完全不一样。诗人说：我沿着初雪散步，心中的力量勃起像怒放的铃兰，像花朵一样开放，好像有用不完的力气；天上的星空呢？就好像蓝色的小蜡烛，梦幻，辽阔，美好；我不知道前面到底是光明还是黑暗，我不知道，我也不在乎。松林里面发出的声音是风吹树梢，还是公鸡在啼叫，这些我也不在乎；地上落下的到底是一片雪花还是一群天鹅，我也不在乎；寒冷反而使我的血液沸腾，我甚至想要用自己的身体去怀抱白桦树。他心中充满了对自然的澎湃的激情。好，最精彩的地方：我甚至想，在柳树的树杈上，嫁接上我的两只手臂。这是想说什么呢？想说我和自然融为一体。诗人觉得自己跟雪、路、天、树是同类，自己不是旁观者，所以感觉与自然融为一体。因为这棵树太美了，这个世界太美好了，在这个雪花飘飘的洁净世界里，做一棵白桦树多好啊。我如果能嫁接在这棵树上，我就是大自然的一部分了，而不是一个充满奇思异想的人类了。这是对树的赞美。挺立在雪野中的白桦树的确美丽，而诗人的诗句也很美，他想与白桦树互换手臂，正如相爱的人想互换心脏一样。多么新奇、多么深邃的爱恋。

第三讲　祖先的智慧

讲授篇目

〖古希腊〗梭伦等《希腊智者如是说》（5首）

〖古印度〗伐致呵利《印度诗人如是说》（5首）

〖波斯〗哈亚姆《波斯哲人如是说》（5首）

把古人思考过的问题重新思考一遍

　　今天的话题是：祖先的智慧。各位设想一下，现代人所思所想的问题，是否只是我们今天人类的困惑与疑问呢？每一代人都自认为是世界上最有思想的人。实际上，人世间的绝大多数问题，都已经被前人思考过了，而且寻找过答案。我们现在常常做的事情，不过是把古人想过的问题重新思考一遍而已。不要以为我们能超越古人，我们常常穷尽一生去思考，或许还达不到古人的思想境界。今天我们回头看看古希腊、印度和波斯，这些文明源头的国度，在远古的时候诗人们想了些什么。再结合我们中国人的智慧，看一看人类童年的时候，他们积累了哪些经验，这些经验在今天看起来是幼稚的还是深刻的。先看古希腊人的。

人心可测

但愿能够看看每个人的心肠，
打开他的胸口，向里面观察
他的思想，然后重新关上，
好认清他真是朋友，不致上当。

　　　　　——古希腊　无名氏《看人心肠》

　　看来古人交朋友经常上当，因为古人很纯朴，有几个奸滑之徒呢，就很容易利用这种纯朴来欺负别人。诗人就想，如果人身上能够开个窗口多好呀！交朋友之前就可以先打开来看一下，里面到底是正常的心脏呢，还是狼心狗肺，以便决定是否跟他交往。大家一定看过一个著名的古希腊雕塑——断臂维纳斯，这个雕塑被后现代派的艺术家改成了带抽屉的维纳斯，在她的胸部装上了抽屉，可以一个个打开来。我不知道这个想象是不是来自这首诗，反正，后人也有这种冲动，希望打开别人的心胸看一看。

　　今天这个世界不是流行"不和陌生人说话"吗？潜台词是陌生人暗藏着极大的危险，人与人之间最基本的那种感觉——信任——消失了。当我们和自己的同类之间不再有基本的信任和尊重的时候，你就会感觉自己生活在一个非常危险的环境里，生活就会变得没有安全感。失去了安全感的人生，就会变得没有意义，没有趣味，你很难体会到生活在人群中的乐趣。我们常用的一个词叫人心不古，于是又有了一句配套的格言：逢人只说三分话，未可全抛一片心。古人的这种智慧导致了一个恶果：人人从小就变得很世故，不想跟别人交心。而古希腊人发出这种感慨，其出发点还是愿意与人交心，只不过希望有一个甄别的程序，于是才有了这样一个奇思妙想。

幸福排序

人皆有死，最重要第一是健康，

第二是天生性情温和，

第三是有一份并非来之不义的财产，

第四是有一批朋友欢度春光。

————古希腊　无名氏《幸福的四要素》

自古以来，人类不断追求一个终极的东西，就是幸福。幸福有哪些要素呢？任何一代人都会有自己的取舍。诗人的幸福的要素似乎还少了一点什么，爱情呢？功成名就呢？然而，诗人觉得这些都不重要，幸福的关键：

第一是健康。健康就像你的牙齿，没有牙疼的时候就没想过牙齿的存在。一旦生病了，才知道健康的重要。

第二是天生性情温和。在我们的印象中，古希腊人不是都很剽悍的吗？是不是因为他们缺这个，才感觉这个更重要？性情温和几乎是中国人的天性，我们自古以来就提倡做一个温柔敦厚的人。有些人一生努力让自己变得安宁一点，温和一点，让自己变得对世界友好一点，对自己宽容一点，这是一辈子都要修炼的一门功课。从小什么都想抓一把，向外面扩张，像头狮子一样，对这个世界咬上你的牙印，可是，长大了你就知道，这个世界不是一块肥肉，让你来任意攫取、吞噬。

第三要有钱。前面限定的词很重要，"一份并非来之不义的财产"。捞取不义之财是没有办法享受的，最终就会像吸毒一样，被毒品所害，不义之财就像毒品，它让你不得安宁。不义之财，在今天的中国已经变成危害国家的一个毒瘤。钱不是万能的，没有钱却是万万不能的。前提是：君子爱财，取之有道。

第四，人生最重要的是有三五个知心好友欢度时光。人天生就是孤独地生活在这个世界上，碰见一个人跟你的习气相投，还能够包容你的弱点、缺点、坏毛病，这不太容易，所以，我们遇到一个朋友，一定要好好珍惜，尤其是青少年时代的朋友，不需要条件就能够做你朋友的人，大多数是出现在你们这个年龄。友情，往往比爱情更经得住时间的考验。所以古希腊人不说爱情这回事，说的是友情。特洛伊战争是为什么而打的？海伦，一个美女。一个美女可以引发城邦之间十年的战争。但荷马史诗的重点在写战争而不是爱情。

神就是我们的样子

假如马或牛或狮子都有手，

和人类般能画能创作作品，

他们就会把神的形状绘制成

和它们各自的形体一式一样，

马的和马一样，牛的和牛一样。

——古希腊　塞诺发涅斯《造神》

这首诗很聪明。人类创造的神像都是人的样子：基督、上帝、佛、菩萨等等，都是人的形象。因为古希腊是泛神论的，古希腊的很多神像看起来就是强壮的男人或者美丽的女人。古希腊人对神不像其他民族那样顶礼膜拜，他们的心胸非常豁达，跟神之间是平等的，经常可以开神的玩笑，而且古希腊神话里面，神都是有毛病的，宙斯风流成性，他的老婆赫拉嫉妒成性，醋坛子，维纳斯也是风流成性……古希腊人认为神就是人，只是一个比人更强的种类而已。按照古希腊人的说法，首先是黄金时代，然后是白银时代、黄铜时代、黑铁时代，人是越来越堕落了，本来人若只是生活在黄金时代，人就跟神一样，所以我们现代人身上都有神性的种子，只是你没有开发。基于这种观点，古希腊人才会认为，因为是人造的神，所以神像人，如果牛和马会做陶艺的话，它们也会做一头牛或一匹马来做神的。你们可以推而广之，人类认为什么是美的呢？按照男人的标准来说，显然女人是最美的。假如你问一只雄蛤蟆什么最美，它的回答一定是一只雌蛤蟆。所以说，人一定会按照自己的需要去创造对象。任何生命都站在自己的立场来看世界，塑造世界。

民权与专制

我给人民以恰好满足的权利，

　　所得不短少也不加多，

有权势有令人羡慕的财产的人

　　我劝告他们不要过分，

我手持大盾站稳，为双方挥舞，

　　不让任何一方非法战胜。

　　　　　　　　　——古希腊　梭伦《无题》

大雪和冰雹的威力来自阴云，

　　雷鸣产生于耀眼的闪电。

城邦毁于豪强，而人民

　　受专制奴役则因愚昧。

出海太远就不容易靠岸，

　　这一切应好生想想看。

　　　　　　　　　——古希腊　梭伦《忠告》

　　梭伦是古希腊的一个贤者，雅典的执政官。古希腊人天生就有一种公平的概念，是世界上最早尝试民主政治的国家，公平作为常识已经融会贯通到他们的内心思想、社会方式里面去了。我们中国古代是没有民主这个观念的，总是君君臣臣，父父子子，社会体制不一样。从梭伦的眼光来看，这个世界的贫富差距是个现实状况，他没有像中国古人那样说：均贫富。梭伦比较理性：这个社会有贫富是一个正常现象，只是不能把贫富的差距拉得太大。也就是说，一方面让穷人有个基本的生存机会，不要让他们穷困潦倒、走投无路，因为民不聊生，就会成为这个社会动乱的根源，所以要保证穷人的权利；其次要限制富人的权利，因为任何社会，最有话语权的，都是有钱人。城邦毁于豪强，一个国家可能会毁于这个国家最富有的那些人，因为他们本能地有一种冲动，想凭着自己的权势来控制这个国家的一切，所以要限制他们的权利，不许他们践踏法律。人民会因为专制而变得愚昧，不是天生愚昧，所以要给穷人最基本的权利，如生存权、教育权、选举权等等。

女人的罗网

　　署名"伐致呵利"的古印度梵文诗集《三百咏》，在印度的地位相当于中国的《唐诗三百首》。诗句文简意清，风味独特。古印度人呢，除了喜欢宗教，还特别多愁善感。

> 笑容、情感、娇羞、伶俐，
> 转过脸，半投来斜射的目光，
> 语言，带妒意的争辩，游戏，
> 合起来，便使女人成为罗网。

最近几年的世界小姐、环球小姐，频频选出印度女子。回想以前看过的印度电影，故事老套，但里面的歌舞都很优美，女孩子能歌善舞，体态婀娜。与中国女子不一样。中国自古以来要求女孩子笑不露齿，只能微笑，不可大笑，更不能狂笑。行不动裙，只能走碎步。按照这种审美观，对女孩子的要求就是淑女。可能古代印度没有这个要求，所以女孩子比较活泼，这一活泼呢，各种媚态就出来了，这媚态一出来呢，男孩子就受不了了，所以有了这首诗。

诗人写得特别柔软。他对女性的鉴定很有趣，跟我们中国古代有点儿相似。我们中国古代一般把女人叫作红颜祸水。印度人没有从亡国的这个角度来说事。只说日常生活中的女人，太美了，她们这个美都是很有技巧的。这么美，完全是用那些很可爱的东西来组成的：笑容、娇羞、伶俐，你看这些都是很美好的东西吧；转过脸，斜射的目光，放电；说话，假装吃醋的样子；然后来些小玩意、小把戏。这些东西就构成了女人的样子。而对于男人来说，这就是一个温柔的陷阱、一张罗网，没有人不中招。男孩子就像飞蛾扑火一样。他说到的这些细节很有意思，你中不中招那是你的事。

欲望永远年轻

脸上现皱纹，
头上白发生，
四肢软无力，
欲望却年轻。

这个世上的人呀，大部分都有这样的悲剧，就是不服老。许多人越活到后来越矛盾，一个老人的心里，还保留着青少年时代的梦想，你的四肢已经没有力气了，你的欲望却虎虎生威。当初的那些梦想没有变成现实，你感觉自己虚度了人生。如果你还有能力，凭借衰老的身躯，实现一番丰功伟绩，这当然很好。比如：圣雄甘地，印度的国父，他是在晚年成就了印度独立大业。但是，大部分人到了晚年只能够望洋兴叹。

衰老如牝虎伫立狰狞，

疾病如仇敌袭击此身，

年华泄去如水出漏瓶，

依然行无益，奇哉世人。

衰老像一只母老虎，在你的身旁狰狞站立，随时准备将你扑倒；疾病就像仇敌一样猛然偷袭你。这两个比喻很妙，衰老与疾病对人一点儿都不客气。你的年华就好像漏水的龙头，活成这个样子了，居然还不做一件好事。就这么过了一辈子。奇哉，世人！人一辈子都不做一点有益的事情也是不容易的。执迷不悟到终生。

像鲜花一束，

高人有两条路；

或在众人之顶，

或凋谢于森林。

在人类社会中，总有些人突出于平常的大众，是所谓高人。高人的生命有两种形态：像一束鲜花一样，要么被众人举在头上，要么默默凋谢在森林里。人要么就出头，功成名就，要么就做一个隐士，默默无闻。这有些儒道合一的意思。

人间的七苦

昼间苍白的月轮，青春已逝的荡妇，

空无莲花的池塘，出语不文的美貌，

唯财是好的主子，永遭穷困的善人，

混入王廷的恶棍：这是我心中的七苦。

人世间的苦很多，这位诗人也特别多情，他列举了七件令他痛苦的事：首先是在白天苍白的月。月亮只有在晚上才能显示出它的妩媚，到了白天它已经是多余的东西了。青春已逝的荡妇。一个多情的女人，可惜已经人老珠黄，中国古人也常说："美人迟暮，英雄末路。"这是人间悲哀的事情。空无莲花的池塘。这个很符合中国人的审美。池塘里没有莲花，这池塘就没有生机。长得漂亮的人，说话却满嘴粗言俗语，这太让人失望了。因为语言是最好的美容品。写字也一样，现在学生们的字啊，一个个都向蚂蚁那个方向走了，一个比一个小。字写得越小，就说明你的心思越内向，你就没有用一种开放的心态来面对这个世界，你就只会关注自己鼻子底下那点东西。自私会导致一代人的堕落。从你们说话写字的这些小事情就要开始引起注意，千万要注意啊，你要让自己成为一个什么样的人，说话写字这些最基本的，是你个人的身份的延伸。还有你脸上的表情，最好的介绍信是你的笑容，而不是横眉冷目，好像世上的人都欠你什么，这是不可爱的。唯财是好的主子。当主人的吝啬，会逼迫下人造反。老百姓多数善良，却永远穷困，这很令人伤感。混入王廷的恶棍。这在中国叫小人。这些是人间的七苦。这些诗句都是开放式的，你完全可以在旁边续写你认可的人间条目。

在人间看见天堂

哈亚姆（约1048—1131）是一位全才型的人物，生前以哲学家、数学家、天文学家闻名于世，死后五十年，人们才发现他是一位大诗人。19世纪，他的诗歌《柔巴依集》被名作家菲茨杰拉德译成英文，从此获得世界性声誉。"柔巴依"（一译鲁拜）是一种波斯诗体，每首四句，类似中国的绝句。文字优美，哲理深邃。

在枝干粗大的树下，一卷诗抄，

一大杯葡萄美酒，加一个面包——

你也在我身旁，在荒野中歌唱——

啊，在荒野中，这天堂已够美好！

这是我最喜欢的一首诗。他说了一个内心有所追求的人最基本的愿望：在一棵大树下边，环境优雅；手里拿着一卷诗，说明你心中有诗意，你对生活没有绝望；更好的是旁边有一大杯葡萄美酒，喝着葡萄酒，吃着面包，读着诗篇，乘着阴凉；最妙的是，旁边还有一个你。你呢，不在旁边撒娇，也没在旁边赌气，而是在我旁边歌唱，带着心满意足的情调、伸展天地的意境。这样一个小小的世界，即便是在荒野中，这荒野也变成了人间的天堂。这说的其实就是一个人内心的追求。你最终感到幸福的基本要素，可能就是这么一些东西。有恬静的生活环境，有酒，有面包，能够让你生存下来，有相对富裕的生活。然后手里有诗，旁边有你心爱的人，这不就是一个人所追求的最重要的东西吗？除此以外，其他的追求对你来说比它重要吗？你对生活怀有美好的向往，有机缘和一个心爱的人生活在一起，你的心中有诗意，爱人口中有歌声、衣食无忧、两情相悦，日子平静和美，就这么简单的一些东西对你来说才是最重要的。但这是很多人无福消受的，因为他们要求太多，得到了也不屑一顾。

青草与樱唇

> 在你风采照人的短短时刻里，
> 去把摇曳的柏树枝搂在怀里；
> 趁大地这母亲还没有把你抱回——
> 让你溶化在她最后的怀抱里。

一个人要趁着年轻的时候，好好生活。在你风采照人的时刻，你要好好生活。趁大地母亲还没把你抱回去，生于尘土，归于尘土。

> 我俩枕着绿草覆盖的河唇，
> 苏生的青草啊柔美如茵——
> 轻轻地枕吧，有谁知道
> 它在哪位美人的唇边萌生！

这首诗的想象非常奇妙，诗人太多情了。两个恋人躺在河边的草地上谈情说爱，一个对另一个说，轻一点，不要乱踩草地。不是要你爱护环境，而是说，这片青草下，说不定就曾经有一个美人埋在这里，青草就是从这个美人的嘴唇边萌生的。这样的想象力是惊人的，这话多悲凉又多深刻、多动人啊。当你躺在初春的湖畔，你头下枕着的湿润的土地，说不定就是由某位美人的身体化成的，而你头下枕着的芳草，可能就是这位美女的樱唇。而你，现在躺在青草上面的美人啊，多年以后，也许也将化作这萋萋芳草。这不仅是对大自然的温情，更是对生命轮回的一种深情依恋。中国古人也说："记得绿罗裙，处处怜芳草。"

泥人儿说话

因为，我想起曾经在路旁站立，

看一个陶工使劲地捣着湿泥；

那泥用早已失传的语言低叫：

"轻些，兄弟！请轻些，兄弟！求求你！"

这首诗同样充满柔情。一个泥工在那里做一个泥罐。诗人说，我真真切切地听见那个陶工手里的那团泥巴在说话：轻些，兄弟，轻些吧，求求你。当你把泥巴捣成陶罐的时候，这团泥巴在说：轻一点。这个也是人和自然之间的一种非暴力关系，一种失传的关系。人对自然，常常有一种占有的心态。诗人提醒我们，还有一种平等的、古老的、通灵的心态。

你呀，你用污泥浊土把人塑造，

你设伊甸园时也没把蛇忘掉；

你虽用种种罪过把人脸抹黑，

你给人宽容，你从人得到宽饶。

这是人与上帝的谈判，几乎是发给上帝的一篇檄文：你啊，上帝，用一些烂泥巴把人塑造；你又用种种罪过把人脸抹黑，你好不容易给人类造了一个伊甸园，却还备了一条蛇在里面，把人给诱惑了，你这不是戏弄人吗？你为什么不把人造得完美一点呢？人类的许多罪过都是你造成的。所以你必须给人宽容，因为你造了不完美的人，你必须宽容他们的错误。然后呢，人也会原谅你创造的不完美。这样跟上帝说话，看起来不太恭敬，实际上是在为人争取生存的空间。人类是不完美的，在这个地球上犯下了种种过错，但还是要给人类留下生存下去的机会。

第四讲　有个天天向前走的孩子

讲授篇目

〖智利〗米斯特拉尔《儿子的诗》

〖爱尔兰〗叶芝《为吾女祈祷》

〖美国〗惠特曼《有个天天向前走的孩子》

〖美国〗惠蒂尔《在做学生的岁月里》

〖英国〗希蒙斯《一首生日诗（致雷切尔）》

〖英国〗霍思曼《人如果能一世沉醉》

在你出生之前

　　一个女子，因为深爱一个男子，因此渴望生一个儿子，这是诗人米斯特拉尔想说的意思。同样，一个男子深爱一个女子，希望他们的女儿有个美满的人生，这是诗人叶芝要表达的意思。两者的共同点是：正常情况下，天底下任何一个孩子，都是父母爱情的结晶。一个孩子的诞生，对于父母，是世界上最大的事情，从出生之前的不安，到出生之后的祈愿，都是让孩子幸福，所谓可怜天下父母心。

　　看米斯特拉尔如何表达一个母亲的向往，"我想要一个儿子……我的骨头里都回荡着你的窃窃私语"。她想象中的儿子，有耶稣一样的大眼睛，目光温柔，前额动人，双唇充满渴望。为了孕育这样一个杰出的儿子，她连死神也无所畏惧。一个孩子的生日，就是母亲的受难日，这位母亲不怕，但她却担心一个小小的问题，"我恨我的膝盖粗糙无光"，这样动人的母亲的心思啊，居然为自己的容貌自惭形秽，她希望自己是完美的，能够孕育一个完美的儿子。现实生活中，许许多多年轻的父母，在孕期，最担心的就是孩子是否正常、健康，害怕有任何缺陷。而诗人的担心超乎常情，她追求完美。

晚年得女的叶芝，对女儿有更多的理性的构想。他在一个暴风雨之夜，静对着酣睡的女婴，向上苍祈祷。孩子还小，未来的人生中会遭遇什么呢？暴风雨是一个隐喻，未来的人生不会是风平浪静的，而父母，不可能永远为孩子遮风挡雨，那么祈祷上苍，赋予女儿一些什么，让她有能力自己去应对生活。看一个父亲的心思：女儿要美，但不要美得让人眼花，不要美得让她顾影自怜。叶芝的想法又是超乎常情，一般的父亲可能会指望女儿越美越好，最好美得羞花闭月、沉鱼落雁，美得不计后果，而叶芝请求上帝，不要让自己的女儿美得这么过分。太美了，美就成了人生的目的，会因此损害本性中的其他美好的东西，如仁慈、坦诚、与他人平等交往的可能性，只懂得顾影自怜的人，会鬼迷心窍，轻易丧失掉友谊和爱情。前车之鉴随手拈来：海伦不甘寂寞，引发特洛伊大战；美神维纳斯没有父亲为她操心，结果嫁了个瘸腿的铁匠。相对于美貌，一颗慧心更为重要，仁慈比美貌更值得男人爱恋。他祈愿他的女儿快乐，像爱唱歌的红雀；他祈愿她的心里没有仇恨，不存偏见，性格安详，因为，"温柔的心意便是天意"，足够抵御任何风刀霜剑。最后，他祈愿女儿许配一个如意郎君，不被时髦的傲慢所左右，本本分分喜结良缘。叶芝的祈祷，有许多是自己的经验，不仅是作为一个父亲，也是作为一个男人的经验，他的一生，苦苦追求一个美丽的女子而不得，所以对女儿如此语重心长。

孩子看见什么就变成什么

带着父母的柔情蜜意和无限向往，一个孩子来到人间，开始他的人生。现在的问题是，是什么东西构成了这个孩子的特性？一个是基因，这个无法选择，剩下的全是自我选择的东西。一个人没有权利选择是否降生，但是一旦降临人间，就开始了一系列选择。小时候的选择是被动的，渐渐长大，就变成了主动的选择。在成长的过程中，到底有哪些事物影响了你，构成了你这个人？美国诗人惠特曼说：

> 有个天天向前走的孩子，
>
> 他只要观看某一个东西，他就变成了那个东西，
>
> 在当天或当天某个时候那个对象就成了他的一部分，
>
> 或者继续许多年或一个个世纪连绵不已。

成长是一个奇妙的过程，年幼的时候，我们可能浑然不觉，有些东西悄悄地改变着我们，每日每夜，为我们的内心添加了一些东西，比如：早开的丁香，一些鸟鸣，田野的幼苗，开满花朵的苹果树，三月的羔羊和母猪刚生下的一窝淡红色小崽，路边游戏的男孩和女孩，母亲展示奇迹的餐桌，父亲粗声粗气的言谈，熟悉的家具，那些小心翼翼的猜想和五光十色的梦，山影上的夕阳，流浪远方的帆船……惠特曼用铺排的手法，列举了一系列生活中常见的现象，他说："这些都变成了那个孩子的一部分，那个天天向前走的孩子，他正在走，他将永远天天向前去。"

想一想，真是这样啊，给点阳光你就灿烂，洒一片月光你就神情迷离，某个女生投过来一个眼神你就浮想联翩。生活在海边的人，从小就会认识海里的东西；而生活在山里的人，自然会熟悉山里的东西；生活

在这个时代，你自然会熟悉这个时代的东西。这些东西会成为你生活的一部分，不需要你特意去选择就会自然而然地形成。这一点一滴的日常生活细节，悄悄地影响了你的内心，形成你这个人。我们生活中的大部分东西，都是我们不自觉地选择的结果。它来了我们就被动地接受了，这是我们一生的一个基本状态。

一个人选择自己的样子

然而更重要的是主动选择，成为你自己。每个人有自己的兴趣、气质和对自身的期许，对生活的感应是不一样的，同样的一声鸟鸣、一树花开、老师的一句话，可能让你内心颤动，你的同桌却可能无动于衷。在相同的大背景下，你个人的细微的选择，决定了你不是别人。所以，每一个天天向前走的孩子，所吸收到的能量是不一样的。这才是成长期的人生的真实状态。

一个孩子的内心，就像一潭清水一样，他能非常清澈地反映这个世界的天光云影。年纪越大，我们的内心盖上了茅屋，覆上了水泥，就越不能正确地反映这个世界的本质了。我们老是固执己见，封闭自己的内心，像《皇帝的新衣》里面，孩子的眼睛看到的皇帝就是没穿衣服，他就自由地说了出来，其他的成年人也都看见了皇帝没穿衣服，但是就是不敢说出来，甚至不愿真的相信皇帝没穿衣服。这是因为他们的心灵受到了遮蔽、污染，已经不那么清澈地反映这个世界了。所以说，一个天天向前走的孩子，他每天都在向前成长中。他碰到的任何一件东西，都可能变成了他的一部分，那么反过来说，这件东西是不是也反映了孩子的一部分？这是一样的。因为孩子用心去体会了这个世界，看到小松鼠在树上跳来跳去，他会想象，至少他的心灵也跟着这只松鼠跳动。如果这个情景留在了孩子的心里，某一天它可能就变成了一首诗，或者是一篇抒情的文章。人生要读万卷书，行万里路，其实这是人类的一种本能冲动。为什么要行万里路？因为谁都渴望有个丰富的人生，漫漫长路，所有的风景，都会变成我们记忆中的一部分。这不是拍几张照片那么简单，而是你的内心体会到某个人、某件事、某个情境，你的生命就会变得有些不一样。

教育帮助你形成自我

一个人为什么要上学呢？教育有一个最重要的功能，就是帮助你形成自我。我们每一个人在这个世界上都是非常独特的。科学家告诉我们：人类跟大猩猩的区别只有百分之一，其他百分之九十九的遗传基因是一样的。那我们人与人之间的区别呢，可能就更少，但就是因为有这一点点的区别，你成为自己，而不是别人。这就是生命的奇妙。每一个人的身上都承载了无数前人的基因密码，中国人那么注重家谱，外国人注重遗传，都是有道理的，我们现在根本不知道，自己身上有多少潜能。我们每个人都是独特的，但是我们在学校所受的教育却是一样的，班级授课制决定了同一个班级的老师及教学内容是一样的。孔夫子很英明地提出过"因材施教"。而我们现在很难做到这一点，你只是教育流水线上的一个零件。不注重个性，批量生产，在这样的情况下，你的自我选择就显得尤为重要了。你选择上什么课，看什么书，交什么朋友，你选择成为一个怎样的人，你的人生是怎样的，都是你选择的结果。如果你没有这样的一系列选择，最后你就成了流水线上的一个零件，毫无个性，成为一个平庸之辈。

如果你没有读过一本别人没读过的书，你也没思考过一个别人没思考过的问题，也没有遇到让你天资萌发的机会，那么你就很可能成为一个平庸之辈。教育的功能就是帮助你形成自我，激发你的潜能，因为每个人身上的潜能，都是未知的。教育在最好的状况下会把你身上最美好的那一部分激发出来，而不是说人人要去学同样的专业，然后去赚同样多的钱。理想的教育，应该是万紫千红春色满园的一种状态，是一种个体生命最活泼的状态。

人生开始于被动的选择，比如说出生是没有经过你同意的，心智初开，你开始有了一点自我选择，如果到了中学，你还不懂得自我选择，那你可能要完蛋了，要为自我而学习，自我教育，自我选择，然后成就自我，这才是我们人生中最重要的课题。

纯真的学生时代

除了天生的血缘关系，家庭之外的人对你的爱，非常宝贵，比如朋友、老师、同学。

学生时代什么故事都很纯真，美国诗人惠蒂尔的《在做学生的岁月里》，讲了一个有趣的故事：一个男孩成绩不错，可是有个女孩成绩比他更好，偏偏这个女孩又喜欢这个男孩，于是出现了一种奇妙的状态：她不愿意超过自己所喜欢的人，"竟为胜过他而悲痛"。这真是一个美好的故事，诗人为此牢记一生，并提醒成年人温习爱的初衷：爱一个人，就是希望他好。在你的人生中发生的一些小小的事情，它们渐渐地成了你性格的一部分、情感的一部分。你对任何一件事情的态度和处理方式，最终会变成你的人格的一部分。

当你吹灭生日蜡烛

每逢生日，难免惆怅和向往。生日的意义，小时候意味着一大堆礼物，长大了就成了一种仪式：让你有一个特定的时刻，回顾走过的路。

吹灭蜡烛这个小动作，更深一步想，是吹灭你走过的每一年，亲眼瞧见死亡，令你更珍惜其后的岁月。

法国作家司汤达的墓碑上写着：活过、爱过、写过。有同学说，自己的墓碑上只要写：活过、爱过、玩过。如果你每天都是吃喝玩乐外加一点爱的调料，有一天你突然回首平生，"东想想，西想想，要是他们想，他们会一双手紧勒在胸膛"。为什么你会心痛？就因为你在成长的日子里，只顾着玩了，你忘记了为自己的一生主动做点什么。

第五讲 我是谁

讲授篇目

我不见了

有一个古老的笑话：一个解差押解一个和尚，在路上住宿时，和尚被人劫走了，解差被蒙汗药放倒了，并且被剃了个光头。解差醒来，发现和尚不见了，摸一下脑袋："哦，不对呀，和尚还在，我不见了，我到哪儿去了呢？"

故事中的解差，在恍惚之间，忘记自己是谁了。生活中也会出现这种笑话，某事发生了，你会说："唉，我怎么会做这种事呢？这好像不是我做的。"那一刻你就感觉到自我好像不存在了。每天照镜子，你知道你就是这个样子。你是否想过，你只是叫张三或李四的那个名字的人吗？人生最大的困惑就是不知道自己是谁。其潜台词是：不知道该怎样过一辈子。

人类的一大特点，就是给这个世界命名。女娲造人，上帝造万物，所有创世纪传说里都有一个很重要的工作，就是给造物命名，在各种名字之间建立一个知识的坐标系，从中找到人类生存的位置。即使对遥远的星空，我们没有能力访问，也要给能看见的星辰命名，更不用说眼前的山山水水了。人作为大自然的生灵，对自己的认识是一个古老的话题，对一个人而言，这几乎是一个永恒的话题。

你的名字就是你的象征

人一出生，被父母取了名字，阿猫阿狗，就这么一路叫下来。当父母发出那个音节的时候，就是在呼唤你。上学了，你的乳名换成学名。你写文章的时候，还会给自己弄一个笔名，或者弄一个网名，躲在网络里，发表自己的心事。为什么一个人不满足于一个名字呢？因为每个人都希望自己是一个丰富的存在，不是一个单一的存在。我们不愿用阿猫或阿狗的名字一辈子，到一定时候你就希望改变自己，对生活有了新的向往，你就会给自己取一个新的名字。这就是人对自我认识的一种冲动，你想做一个新人，就先给自己取一个新名字。每个名字都是你自己的象征，用一个符号表白自己的心志，这也是古人除了姓名之外还有字、号的原因。

然而，这里又有一个问题了：是不是你的名字就代表你这个人呢？

美国诗人惠特曼曾经写过一首短诗，就两句。他说："读者啊，你的名字除了两三种读法以外，就没有别的意思了吗？"名字这个符号后面代表怎样一个具体的有血有肉的人呢？这个问题值得好好思考。

苏轼年轻时很张扬，父亲希望他有所收敛，像车上的扶手——"轼"一样，可靠而有用，所以取名为"轼"；而他的弟弟苏辙很老实，父亲认为他只要按照前人的车辙印迹顺利地走下去，就会一生平安，所以取名叫"辙"。苏轼是在贬官黄州后取号"东坡居士"的，因为写诗触怒了皇上被贬官，他找了一块向阳的山坡住下来，种地，半官半隐，吾心安处是故乡，从此便号"东坡"——向阳的山坡。

任何一个人的字号，都是对自己新的认定。欧阳修晚年自号"六一居士"，为何叫六一呢？藏书一万卷，金石碑帖一千卷，琴一张，棋一局，酒一壶，其中安放一个自得其乐的老头，就构成了"六一居士"。李白字太白，那是天上的太白金星啊，号"青莲居士"，青色的莲花，超然脱俗，是仙界之花。"居士"是指居家修行的人，表明了这样一种生活态度和人生境界——在家"出家"，在日常生活中修禅悟道。心中的世界比身体所居的世界更大，身体居家，心灵则有个更大的家。

古人取号表现了他的价值观、人生观。你们的笔名、网名也都是对自己的重新认识。今天我们从历史到宗教，最后落到人在社会中扮演的角色，从大的方面想想你是谁。

来将通名

两军交战，互通姓名，这是古代作战的惯例，中外皆然，我国古人就有"刀下不斩无名之鬼"的说法。在古希腊的特洛伊战争中，有这样一个镜头：对方说"来将通名"，这个将军没有直接回答，而是发了一通感慨："一年一度秋风劲，吹落满地金。"一代人犹如树叶一般，秋风过处，枯叶凋零，但春风袭来又有新的一代人站起来。本来是哀怨的调子，但荷马却没有这样写。他认为每一代人都有自己的使命，只要完成使命便死而无憾，"待到春归重洒绿，枝叶复如新"。一代过后，又一代成长，人类的血脉重新延续，人类的使命又被新一代人承担。个人只是人类历史中一个小小的环节，每一代人都该有活着的豪情。希腊人赞美新陈代谢，我们却会哀悼每一个死去的人，但换一个角度看，一个人在世上活过、笑过、哭过，按照自己的心愿或肩负的历史使命活过，这就够了。

天问

人与神对话，神说：我给你们一个完美的世界，你们把它变成什么样子了？人反驳：你给了我们什么？这世间万物，基本上都是我们创造的啊！神对人的指责是对的：神从泥土中创造世界，人类却只会瓜分地盘；神用泥土弄出铁砂，人却用它制造武器用来屠杀。人的反驳也是合理的：人类曾给大地创造锦绣色彩，我们创造了你给的世界，我们将你的世界变成更适合我们的居住地。但自始至终，人对神的指责都没有给个回答，这便是默认：人对地球既有贡献又有罪恶。这是从人类的角度来回答我是谁。

高更有一幅名画，问了三个著名的问题：我是谁？我从哪里来？我要到哪里去？波斯诗人哈菲兹的诗我很喜欢，我曾经去到伊朗，特意去瞻仰了他的墓地。他的诗风有点像中国的李白。"虔诚的道路，你在哪里？"他追问信仰的真伪。人不是一个容器，不是把你碰到的世上的一切东西都收藏起来。他有判断、有选择，他会判断这个世界哪些东西不合理，而一判断疑惑就来了。人生最大的困惑就是信仰，它是一种终极追问：人到底为什么活着？人活过以后会怎样？人死后会怎样？人的灵魂存在吗？许多有宗教信仰的人，把解释权交给神灵，当你对信仰产生怀疑，也是在对生存的意义发出疑问，如何解脱？无非酒与色。喝酒，像李白，即使他举杯邀明月，即使他斗酒诗百篇，最后还是发现："抽刀断水水更流，举杯消愁愁更愁"。即便喝下滔滔黄河水，也冲刷不掉内心的忧愁。酒不行，美人行不行呢？沉醉在温柔乡。"你眼前脚下的泥土，是涂抹我的双眉的画笔。"用一种深情的态度去追求爱情。"莫窥视她苹果脸上的酒窝，你会和那里的陷阱相遇！"爱情也无法让人得到安宁，反而让人恐慌不安。"睡眠啊，你又在哪里？"最后谁能告诉我，我该去何处，我怎能离开这眷恋的人间？哈菲兹的追问，极端而诚实。人生就是这样一场无止境的煎熬，无止境的追寻。有些人不问这些问题，浑浑噩噩地满足着。有些人会去问这些问题，所以他才会痛苦，在痛苦中绽放智慧之花。当然我希望你们快乐而聪明，而不是愚蠢地快乐着。

我算个什么？

意大利诗人帕拉采斯基说："我是谁？——我的心灵驱使的小丑。"为什么把自己贬得这么低？试想，几乎每个人都是用进化论的观点来看待自己的人生的：明天会更好！现实却是：每一个年轻人都曾经有狮子般的雄心，成年之后却像老鼠般畏缩，很多人活着活着，就把自己给活丢了，不知道自己是谁了，当年拼命要去追求的那个理想中的我，自己给忘了，他忘了"我是谁"。人世间有多少梦想变成了现实？又有多少人成了自己心目中要做的那个人？对着满天星空许诺的那个孩子到了成年以后还保持着那种纯真和美好吗？对成年人而言，若有梦想则是困扰，若没有则容易幸福。每个梦想都是对自身的一种设计，但进入社会后，如果你不够强悍，你多半会妥协，当初的梦想纷纷破灭，很快变成另一种人，变成你当初最讨厌的那种人，这是人生大悲哀。心灵变得卑微，才让人变成小丑啊，这样的追问是悲哀的，但是，因为敢于追问，就埋下了救赎的种子。

一个人，在灵魂的镜子面前，观照自己，最终发现自己是一个小丑。因为他总是疯狂、忧愁、悲哀。他不是麻木不仁地活着，他活得很有感觉，所以他才会审视自己，审视的结果就是：我不是名叫"张三"的那一堆血肉，而是被自己灵魂驱使的一个小丑。一个人是被自己心灵所驱使的，你的心想要什么，你这个人就会去做什么。在人身上，最重要的是你的灵魂，而不是你的样子。不是你的身体上面穿的衣服，更不是你口袋里装的银行卡。每个人活着，很多人只活外面的那一层，只活在身体外面，口袋里面装的那些东西；还有一些人知道要活在自己的灵魂里，要听从自己内心的召唤。有了这种想象，你就会知道，怎样来判断自己到底是谁。

我是无名之辈，你是谁？

俄国有一个农民叫柯里佐夫，他也写诗。普希金看过他的诗以后，发现他不是一般的农民，甚至不是一般的诗人，他比一般的农民有诗意，又比一般的诗人更朴实、更真实，认定他是一位了不起的诗人。

你看，这个农民很坦率，我这么一个小个子的东西，算个什么东西呢？活得很辛苦，却总在盼望着幸福。而且爱哭泣，总在向往中失望。有这么一些人，他们至死都想把这些问题弄个明白，这是他们的事情。我不想把自己的问题搞个清楚，那么我怎么办呢？我认为很多事情我搞不清楚，那我就不去弄清楚它们。我需要知道的并不多，在高低不平的路上我可以像盲人一样蹒跚而行。这都不重要，重要的是我遇到可笑的事情，我就嘲笑一通，遇到美好的东西我就束手就擒，遇到不幸的事情我就痛哭一场。我不想知道这是为什么，只要我真实地活着就够了。笑啊、哭啊，向美的事物投降。这就是我生存的味道所在。我到底为什么要这样活着？这个世界为什么是这样？不必去追问什么标准答案。不问，我只是用我自己的灵魂去体会生活。你不能说他胸无大志，他是自得其乐，这对我们来说很重要。我们可以在梦想与现实之间画一道底线，不堕落到这个底线之下，就是正常的生活。让自己快快乐乐地活着，这便足够了。"遇上可笑的，就嘲笑一通，碰上美好的，就束手待擒；遭到不幸的事，就痛哭一场"，很自然、淳朴、不虚伪，自然地活着，也是一种美好的状态，不一定要功成名就才是快乐，做一个真正的自己就很好。

对功名利禄，有些人有很旷达的看法。美国女诗人狄金森一生几乎足不出户，只是做做家务看看书，写了诗歌也塞进抽屉里。她去世后，却被追认为自古希腊萨福以来西方最杰出的女诗人。她的抽屉里塞满了精美的小诗，她心性很高，像林黛玉一般，她敢于鄙视在外招摇的人，一个人封闭在自己的小世界，内心却可以很丰盈。看来做一个诗人，跟他阅历的多少，并不一定成正比。有时候你看到很多，你只不过是走马观花，你是为你的照相机去旅游了，不是为你的灵魂。她有足够的底气说："我是无名之辈，你是谁？"我就要做个无名之辈，没什么大不了的，你是谁呢？你们不过是一群青蛙，在整个夏天，向着太阳，向着大地呱呱乱叫，说"我是青蛙"。你觉得这样活得很有意义吗？没意思。但大部分人都是这样活着，争名夺利，而我只要按内心的指引生活。这种话一定是来自那种有强大的内心的人。他不会活在跟别人的比较中，一个人完全按照社会的外在标准生活，慢慢就会变成别人的奴隶，而不是自己的主人了。

我的分身术

每个人想知道自己是谁时，大约都会找一个参照物。余光中找了李白作参照物，他在赞美李白的同时，是希望自己可以变成那样的人，将自己投射到自己仰慕的人身上，就如同阅读名人传记追寻自己的精神伙伴，以伟人、名人为参照考察自己："我是谁？"

青春期的你，要警醒自己，生活要有这样一种精神状态：我们人生中遇到的人是有限的，所以我们要去寻求我们人生的伴侣，读一本好书，就如同找到了一位终身的灵魂伴侣。总而言之，我们在一生中遇到过什么样的人，决定了我们情感的质量。你一生中读过什么书，决定了你灵魂的能量。你一生中干过什么事，决定了你一生将成为一个什么样的人。这些都是你寻找"我是谁"的途径。

叶夫图申科说：世界上的每个人都特别有意思，但这个世界上多数人都认为自己活着没意思，为什么？许多人从不设计自己的生活，也有许多人梦想过自己喜爱的生活，却将自己的梦想活丢了，然后生活就变得没意思了。活着的意思，关键在于是否明白自己、成为自己。如果一个人死去，随着他死去的，有他的第一场雪，他的第一个吻……每一个死去的人，带走的不只是一个人，而是整个世界。每个人都是一个世界，每个人都有自己的初雪和日出，自己的初吻和相识，自己的爱恨情仇。那么对于一个人来说，怎样活好你的一生，是你一辈子最重要的事业。每个人的一生都是在书写自己的世界史，而这个世界史的题目就叫："我 —— 是 —— 谁？"

第六讲　生命的玫瑰

讲授篇目

〔美国〕弗罗斯特《未选择的路》

〔德国〕海涅《我的心，你不要忧悒》

〔俄国〕普希金《假如生活欺骗了你》

〔英国〕斯特朗《给生活以时间》

〔芬兰〕瑟德格兰《玫瑰》

〔马耳他〕安东·布蒂吉格《假如你只剩下六分钱》

〔英国〕太息蒙《人几乎能够》

〔英国〕莎士比亚《活下去还是不活：这是个问题》

〔美国〕朗费罗《人生礼赞》

一颗勇敢的心，才敢于孤身独旅

　　树林中有两条路，你站在路口犹豫：走哪条路最好？在你没走之前，你不知道哪条最好，走了之后，你才知道，但这时已经晚了，你已经做出了选择。这种情景在人生中每天都会碰到。这实际上引发了一个著名的哲学思想，法国哲学家萨特提出的存在主义哲学：凡是存在的就是合理的，人生就是选择。

　　人类选择直立行走，从此区别于其他动物。一个人从小到大，自我意识越强，选择的范围就越广。如果你迄今为止一直不会主动选择，说明你还停留在儿童阶段，你就是永远长不大的人。许多人很少独自做一个决定，都是别人替他做的。随波逐流，生活中碰到什么就接受什么。这是大多数人的状况——不做选择。

弗罗斯特《未选择的路》就在提醒人们：当你有所选择的时候，你怎么做？这首诗用了诗歌创作最常用的一种手法——象征。表面上说的是树林中有两条路，我走了其中的一条，实际上是说，大家都往一个方向奔忙的时候，我不去追随熙熙攘攘的人流，我选择"人迹更少的一条"，我自己有所坚守。试想，你先选择了走那条荒路，放弃了大路，你想以后随时可以回头去走，可结果是，你再也没有机会去走那条大路，这才是最特别的地方。你说这种情景对人生是一种忧伤还是喜悦呢？选择是得还是失？选择了一，就放弃了多；选择了众多，就放弃了唯一。每次选择不可能包括你想要的所有，鱼与熊掌不可兼得，只能取其中你认为最重要的，或是最方便的。

比如你做作业，最重要的当然是自己写，通过写作业，完成了对这个知识的认知和记忆，掌握了这个知识。但有人选择抄作业，这就没有意义，但它方便。再比如交朋友，有人愿意天天找你玩，你们就成了朋友，而你欣赏的人呢，他不找你你也不找他，所以你选择的是方便。谈恋爱也如此，爱你的人成了你的恋人，而你爱的人因为求而不得只好放弃。事业也如此，你最愿意做的事业可能是不赚钱的，而你所选的赚钱的职业可能是你讨厌的。你怎样选择就决定了你一生的生存状况。

这首诗最美的地方是在这种忧伤的回顾：在我年轻的时候，我站在很多路口，我以为我有很多选择，后来发现，我只能选择其中的一条，根本没有退回来再选择的可能，这就是悲哀。这首诗的底色是非常忧伤的。人们回顾人生的时候，很难没有遗憾。大家都选择的东西似乎没错，所以人们喜欢随大流。只有一颗勇敢的心，才敢于孤身独旅。

劝说自己的心

人的情绪，喜、怒、哀、乐、惧五味杂陈。按心理学的说法：快乐易逝，悲哀长存。我们更多的时候会感觉到失落，更长久拥有悲剧意识。回忆一下，你容易欢乐还是悲伤？一大堆快乐你很快就忘了，一丁点悲伤你却牢记不忘。你或许觉得，快乐带给你的只是短暂的消遣，而悲伤呢，却对你不依不饶。人心是敏感而脆弱的，也可以是敏感而坚强的。大大小小的琐碎事情带给我们不同的感受，但我们却可以活下来，如同海明威所说的，人可以被打倒，但不可以被打败。

"我的心，你不要忧悒……"这首诗写得多可爱呀，他说的是真的吗？德国诗人海涅，年轻时爱上他的表妹，但对方不爱他，于是他写了很多哀怨的情诗。后来他又爱上了另一个表妹，这个表妹同样不爱他，海涅又写了好几本诗集，全都是眼泪和悲哀。如果仅止于此，那他最多只能是一个三流的诗人，关键是他从自身的伤痛里领悟到了人生的一些普遍的感受，一些见证人性的东西，由此得到升华。别人读他的诗就不会觉得只是他个人的呻吟，而会产生共鸣。海涅是凭着什么一次次度过他的心理危机的呢？《我的心，你不要忧悒》就是一个解答，因为他有一种不怕跌倒的年轻的心态：

> 这世界还是多么美丽！
> 凡是你所喜爱的，
> 我的心，你都可以去爱！

我们的心憧憬着未来

普希金也是同样的，年轻时的他是一个浪漫的人，他有说不完的恋爱经历，最后和莫斯科第一美人结婚了。他从十六岁起就写革命诗，当然多数时候是写爱情诗，每一次新鲜的爱情都会触发他的诗情，每一种爱的感觉都不一样，他是一位高尚的情人。他为什么经历了一次次的情感波折而不至于趴下，跟这首诗表述的心态很有关系。

假如生活欺骗了你，不要忙着忧郁和愤慨！先克制自己的第一反应，然后相信：一切都是暂时的。这个一切指的是一切的负面情绪。所有的悲哀、痛苦和无奈，都是转瞬即逝的，而快乐之日终会到来。为什么这么自信？诗人的理由是：我们的心总是憧憬着未来，相信未来，就可以蔑视苦难。而且，最奇妙的是：时间是高明的魔术师，只要你不屈服沉沦，事过境迁，人的心理会发生变化——那逝去的将变得可爱。普希金很聪明，他知道任何事情发生以后，你的反应都是出自本能的此时此地的一种即时反应，而这种反应不代表一切，不代表明天，不代表未来。因为时间会治疗一切的创伤。今天你感到大喜大悲的事情，到了以后都会变成一种回忆，而回忆一般是不会伤人的，当然有时候会痛定思痛，时间足够久远了以后你都可以淡然处之。所以，普希金的这个药方就是让时间来帮助你。

英国诗人斯特朗也说：要给生活以时间。你不要催促上帝帮助你做决定，上帝自然会帮助你的。给生活以时间，许多事情自然会水到渠成。

我要向世界抛撒玫瑰

芬兰的女诗人瑟德格兰，在十六岁时被查出患了肺病，这在她那个时代是不治之症。家里很贫困，她唯一的爱好就是写诗。过了几年她结婚了，对于这样一位身体病弱、心思纤细的女子来说，她的生活很难幸福。果然，结婚后，她自己写诗说，原以为是两个灵魂的结合，哪知道只是一种粗暴的占有。她觉得婚姻生活没有幸福，更惨的是她想写诗，没有纸，她把自己的化妆品拿出去卖，再买纸回来写诗。

这样一个一生不幸的诗人说：这世界属于我，我无论走到哪里都要向每一个人抛撒玫瑰。通常，玫瑰象征爱、幸福、快乐、光明和美好，是充满希望的美丽之花。而在这里，玫瑰象征诗歌。一个苦难的生命开放出歌唱之花，可以让一切的痛苦、不幸轰然倒下。诗人说："艺术家爱每只听到他的话的大理石耳朵。"为什么是大理石的耳朵？艺术的力量到底有多大？寻常的耳朵被打动不稀奇，即便是大理石的耳朵，伟大的艺术也可以将它软化。

古希腊的一位雕塑家皮格马利翁，用象牙雕了一位少女，结果他居然爱上这座雕像，爱感动了天帝，天帝将这座雕像变成了活人，跟他生活在一起。这在心理学上叫作皮格马利翁效应，一种期待效应。当老师的要给学生最好的鼓励与支持，以激发他生命中的潜能，使他成为他最终能成为的那个人，这就是皮格马利翁效应。

六分钱的水仙花

马耳他是一个小国家，这个国家的总统写了一首小诗，但这首小诗却表达了一个大道理：假如你只剩下六分钱，你可以买一块面包，另外，再买一把水仙花。有同学问：为什么不买两块面包？要水仙花干吗？水仙花象征新的希望，希望是心灵的面包，让你在人生的任何时候，都可以超越现状，向往未来。人活着，永远不能让自己梦想的翅膀折断了。这首诗很短，但值得推敲。

朗费罗的《人生礼赞》，充分反映了美国人年轻气盛、勇往直前、莽撞而富有朝气的特点。有很多俗话，无论是东方的还是西方的，说起来都很令人沮丧，比如《圣经》里说：人生于尘土，归于尘土。人生最后就是一把泥土而已，但是我们在说这些的时候，要明白一点，它是真实的，但不是现实的，或者说，死是真实的，但活着是更大的真实，活才是生命的真相。如果人生真如一把尘土，你就不需要有光彩、有作为，就可以虚度年华，像猪一样地活着。最重要的是，你知道了终点，你才会把路走得更好。不能因为知道终点就放弃路上的一切，这不是一种现实的人生态度。

"因为灵魂倦了，就等于死"，朗费罗想说的，就是要大家放弃这种虚无的人生论调，积极地面对人生：即使这世界像一个战场，你也要勇敢地冲进去，占领自己的一块地盘，像西部牛仔一样。我们注定的道路和目标不是享乐和悲叹，而是行动，看我们每个明天是否比今天走得更远，就是要这样活着。还有，别依赖未来，不要把希望变成空想和梦想，一味等待明天会削减人的意志，重要的是今天，踏踏实实积极进取地活在今天，才是真正的好汉。

第七讲 我的父亲母亲

讲授篇目

父爱与母爱的不同

文学史上赞美母亲的诗文很多，赞美父亲的却比较少见。我在编《人间的诗意》的时候也只找到了一些赞美母亲的诗篇，编修订版的时候好不容易找到了描写父亲的，高兴得不得了。这种现象很特别，为什么大家习惯于赞美母亲？

父亲的爱不容易表达？父亲木讷一点？但有好多父亲的口才比母亲好多了，在座的男生要好好想一想，你们将来都会做父亲，对孩子的爱你可能付出得并不比母亲少，但是得到孩子的理解却没有母亲多，这是为什么？是表达的形式不同，还是父亲有时候是通过母亲作为中介来表达感情？

去翻看你小时候的照片，你可能会发现，多是你与母亲的合影。父亲在哪儿？在镜头后面。

我们且不说那种天然的血肉相连，显然母亲比父亲紧密得多。有些母亲常说：孩子是自己身上掉下来的一块肉。在生产、哺养的层面，母亲的付出是最多的，什么时候父亲才接过抚育的担子，付出他的爱呢？在教给孩子一些知识、智慧、人生经验的时候，父亲会扮演重要的角色。母爱是感性的，父爱是智性的。大量的作为一个动物的生存本能的东西，都是母亲给的。比如衣食住行，嘘寒问暖，这些事情从最本能的状态来施与受，一个人最需要的那些最基本的东西都是母亲给予的，所以，孩子对母亲的爱，肯定是无条件的，而母亲对孩子的爱也是无条件的。就是因为她无条件才动人啊：这是我的孩子，我必须让他吃饱穿暖，让他健康。至于是不是聪明，是不是能出人头地，这些可能更多是父亲考虑的事情。

男人和女人表达爱的方式，的确有些不一样。女性用很多细小的东西包裹着你，"慈母手中线，游子身上衣"，这种一针一线的牵挂，在日常生活里面每天都在发生，所以让孩子挣不出她温暖的怀抱。疼痛跌倒的时候，伤心的时候，失恋的时候，垂垂老矣的时候，临终忏悔的时候，人人习惯于喊妈妈，父亲的角色在这些时候就很尴尬。做一个好父亲不容易，做一个得到儿女们爱的父亲更不容易。中国的传统是严父慈母，如今虽然也有一些"猫爸虎妈"出现，但是基本状态还是依旧。母亲总是以无边的宽容来接纳一个孩子，而父亲喜欢对孩子进行各种指教。我的一个基本判断：母爱是无条件的，父爱是有条件的。或许在任何情况下母亲都会爱着孩子，但是父亲呢，可能就会对孩子比较挑剔。因为两个人的标准不一样，母亲要让孩子好好活着就行了，父亲还要想着这个孩子怎样在世界上生存。

有关父亲的记忆

成年人在什么情况下会想起父亲？有两位诗人的记忆比较特别。

博尔赫斯在黄昏细雨的时分。黄昏让人惆怅，细雨更添忧伤，正是人心最柔软、最脆弱的时刻，博尔赫斯想起了人生中幸福的时刻，艳若玫瑰的命运之花曾经开放，这可能是爱情，也可能是与父亲相处的日子。然后进一步想象：今天落在这院子里的雨，一定也落在别的庭院，某个"不复存在的庭院"，并且把架上的紫葡萄洗亮——那是离开人世的父亲所在的地方。于是，诗人分明听见父亲的声音——他渴望的声音，在雨中传来，父亲回来了，他没有死。这是思念产生的幻觉，由于情景历历在目，这份思念有了鲜明的景象。

李立杨在独自准备晚餐的时候。安安静静的时分，夕阳的余光从枫树上消失，像一个红衣主教转身离去，他想起父亲生前，与他无言地散步，父亲的膝盖吱吱作响，他俯身捡起一只烂梨，有黄蜂在里面猛吸果汁——似乎没什么特别。他之所以想起这些琐事，是因为今天一早，他看见父亲"在树上向我招手，我差点喊了他"，走近一看，只是一把铁锹，父亲用过的铁锹，斜靠在树上。米饭要熟了，他独自进餐，没有父亲作陪。虽然孤零零，但他年轻，他活着，在没有父亲的日子里，他应该无所畏惧。这首诗同样产生于幻觉，同样是诗人孤寂、脆弱的时刻。

博尔赫斯沉浸于幻觉，感觉父亲回来了；李立杨从幻觉中醒来，自我宽慰。

两首诗相同的地方：对父亲的怀念是含蓄的，如同父亲付出的爱一样。这是男人写给男人的诗歌：节制、有力。

母爱的再生能力

海涅在《献给我的母亲蓓·海涅》中说自己从小就有一点儿高傲，习惯把头颅高高地昂起，傲视一切，但是在母亲面前他有一种谦卑的畏惧。为什么会畏惧呢？是因为母亲约束了他呢，还是一些记忆中的往事让他感到压抑，或者是他做了什么让母亲担心、伤心？这些可能都有。重要的是，母亲那样爱他，让他在母亲面前不敢放肆。这是很多做儿子的在母亲面前的一个基本姿态——不敢放肆。无论你做多大的官，做多大的事，在母亲面前都不能放肆。你要离开母亲去天涯海角寻找爱情，最终呢，可能会灰头土脸地跑回家来，因为在外面遭遇了太多的痛苦，最后发现母亲永远爱着你。这种想法不太有出息，但是很真实，也就是说：当世界上所有的女人都拒绝了你的爱，母亲是最后一个爱你的女人。虽然这两种爱不一样。再看黑塞《幸福的时刻》：

园中的草莓如火如荼，
到处闻到甜蜜的清香，
我觉得，好像必须等待。
我的母亲马上就会
穿过绿色的庭园走来。
我觉得我好像是个小孩，
我所浪掷的、错过的、
输掉的、失去的一切，
都像是一场春梦。
在庭园的宁静之中，
丰富的世界在我面前展开，

一切都被赠与给我，

一切都属于我。

我迷迷糊糊地伫立着，

不敢移动一步，

生怕那香气会跟我的

幸福的时刻一同散去。

很奇特的一个场景，花园里，诗人闻到一股花香，这种甜美的气息，让他想起了母亲身上的香味，觉得母亲就会在这个香气中悠然出现，所以他不敢移动一步。我们不知道作者写这首诗的时候，他的母亲是否还在世，但是他从这种芬芳中想到了母亲的存在，这种想象，是多么符合母亲的形象。因为母亲总是让人感觉安宁而甜美。然后，更重要的是，因为母亲的出现，诗人恍惚回到了弱小的童年，失去的一切不过是梦境，而整个世界又在他面前展开，重新属于他。母爱的力量，似乎可以缝补好你破碎的心灵，让时光倒流，让你的人生重新出发。

在捷克诗人塞弗尔特的印象里，母亲总是一个泪水涟涟的形象。有些母亲是这样，春天花开的时候她在哭，大雪纷飞的时候她也在哭，这是为什么？这里的春花冬雪完全可以把它挪到生活中，隐喻家庭生活、儿女命运中的某种时刻：你有了好的表现，春花开了；有了不幸，大雪纷飞。对于母亲来说，有关她身边的一切，尤其是对于儿女的一切，她总是最为敏感，最具有感应能力。母亲很容易触物伤怀，会不会因此偷掉了儿女生存的勇气与力量呢？从诗人的表述来看，这样的记忆反而让他增添了生存的勇气，因为母亲的柔软易感，对于儿女来说，可能是一种反作用力，可以反过来推儿女一把，让儿女变得更坚强、更成熟、更豁达。

呼吸母爱

在希尼的长诗《出空》里面，母亲的敏感也可能会传递到孩子身上。因为孩子回想起母亲的时候，想起的往往不是那些人生道理，甚至也不是刺在背上的"精忠报国"那么铿锵有力的话，而可能常常是那些非常小的细节。

> 那刚从晾衣绳上取下的床单的凉感
>
> 让我觉得它必定还有些潮湿
>
> 但当我捏住亚麻床单一头的两个角
>
> 和她相对着拽开，先拉直床单的边
>
> 再对角将中心拉平，然后拍打抖动，
>
> 床单像船帆在侧风中鼓涌
>
> 发出干透了的啪啪声。
>
> 我们就这样拽直，折起，最后手触到手
>
> 只有一刹那就好像什么事也没有发生
>
> 没有任何异乎寻常的事发生
>
> 日复一日，只是碰触然后分开
>
> 踌躇不前，又再次接近。

我不知道有多少同学跟自己的母亲去晒过床单。晒床单的时候总是要抖一抖，拽直，拉开，然后放在晾衣绳上。收的时候也这样，把床单对折一下，在那一瞬间，两个人的手指触碰了，触碰了又分开。注意了，这种亲密的细节表现在母子之间，它是日常生活的，是柴米油盐的，是烟火气息浓厚的，然而在一个孩子的心里，它就是一种生活的安宁感的表现。还有一些特殊的细节，两个人削土豆，削完以后又放在水桶里。希尼有一句话说得很有意思："凉凉的舒适安放在我们中间。"很琐碎的一件小事，敏感的他就感觉到有一种氛围在两个人之间。我们说人和人之间是有气场的，有人一走过来，别人会自动给他让出一定的空间来，因为他的气场特别大，占的空间特别多。有些人一走近就融到人堆里去了，因为他的气场特别弱。那么母子之间的气场，他觉得是一种交流，是一种"凉凉的舒适"在彼此之间流通。然后，在教堂里为着某个死者祷告的时候，母亲回过头来看我一眼，她的呼吸融入了我的呼吸。这是一种生命力的传递，非常美好、亲密。

其实在很多平凡日子里那种爱意的表现，不是完全靠语言来说的，更多的是很简单的行为给人留下了深刻的记忆。我们记住的往往不是那些语言，而是那些动作、眼神。这首诗里的小细节可以给我们观察人生带来一些启发。请回想你跟父母的交流，哪些细节让你觉得有点意思，值得让你写在诗里。

第八讲　心愿之乡

讲授篇目

自己的土地

一个人对故乡和祖国的爱，跟对母亲的爱是相似的。阿赫玛托娃是俄罗斯最伟大的女诗人，也是世界诗坛上的一位女英雄。诗风明快，内涵丰盈。她的一生备受折磨，儿子被作为叛徒抓起来了，她自己也受到政治迫害。曾经有很长一段时间她的诗歌是不允许发表的，她就用记忆来写诗，写下一首诗马上背下来，把它烧掉。若干年以后，直到专制时代过去了，她才把它们默写下来。在俄罗斯的白银时代，不止她一个人这么做，有好些作家都是这么做的，包括获得诺贝尔文学奖的小说家索尔仁尼琴。

是的，对我们，这是套鞋上的污泥，

是的，对我们，这是牙齿间的砂砾，

我们把它践踏蹂躏，磨成齑粉——

这多余的，哪儿都用不着的灰尘！

但我们都躺进它的怀里，和它化为一体，

因此才不拘礼节地称呼它："自己的土地。"

——阿赫玛托娃《祖国土》

我们一般人很少想起祖国的概念，除了在奥运赛场上。阿赫玛托娃说：祖国土，你不会把它装进香囊佩戴在身上，也不会为它去写激情的诗歌。我们只是在上面默默地生存着，受难着。祖国土也是寻常的泥土，是我们鞋子上的污泥，牙缝间的砂砾，是最平凡甚至给我们带来困难的东西，但是我们就在这个地方生存着，不管处境是多么富丽或贫乏，也不管它是充满阳光或是阴雨，我们生于斯长于斯，最后还死于斯，埋葬于斯的时候，我们就会说：这是我们自己的土地。这是一种很奇怪的现象：我们为什么会对自己的祖国有一种天然的尊敬和亲情呢？如果你只是出生在中国，从小让你在异国生活，你会对中国有这么深的感情吗？恐怕没有。

这就告诉你一个最基本的事实，你所有的感情最基本的一个来源，实际上是出于一种习惯、一种习俗。你活在这片土地上，吃着这里的粮食，你的胃适应了这里的中餐；你说的是汉语，写的是中文，你觉得这种声音对你来说是最亲切的。然后有具体的人，父母亲人，朋友同学，这些人陪伴你一起成长，成为你在这个世界上的一个安全的港湾。所有这些你经历的东西，让你形成了一个概念——这是我的祖国、我的家、我的灵魂安放之处。

文化里的故国

每个人天然都有一种和世界的联系。这种联系通过祖国这个媒介让我们觉得安全安宁，让我们找到了自己的同类。每个民族因为习俗的不同，培养出的人，人格品质和表达感情的方式以及他生存的方式都大不一样。说到底，最让人动容的是一种情感的记忆。对任何一件事、一件东西、一片土地都是一样的，你投入了多少情感，它就会容纳你多少记忆。比如余光中，他生活在台湾，他对大陆没有太多的印象，只不过童年生活在大陆。成年后在孤悬海外的台湾岛上，他就会对大陆充满渴望，如同一个游子对母亲、对故乡的情感一样。他思念的是中国人的原乡——文化里的中国。

> 春天，遂想起
> 江南，唐诗里的江南，
> ……………
>
> 苏小小的江南
> 遂想起多莲的湖，多菱的湖
> 多螃蟹的湖，多湖的江南
> ……………
>
> 春天，遂想起遍地垂柳
> 的江南，想起

太湖滨一渔港，想起

那么多的表妹，走在柳堤

（我只能娶其中的一朵！）

———余光中《春天，遂想起》

这首诗有一种美妙的韵律，他通过重复的词句，表达了一种不断增强的节奏感。我不知道各位的故乡在哪里，可能全国各地都有。在中国，江南是一个很特殊的地方，它总是用带着柔情的眼神来注视着你，用温情的怀抱容纳着你，我觉得她是中国最柔软的腹部。这么美丽的地方当然只能发生美丽的故事。江南就好像一个国家的腹地，就好像母亲，是我们温情的源泉。作者以江南来代表母亲，不仅是因为他的亲生母亲来自江南。

提起江南，想到的就是江南的风光，江南的女子，江南的杏花烟雨。这种记忆是文化的记忆，也就是说每个人对故乡的记忆终究是一种文化的怀念。或许你们以后不在中国生活，但是你们身上的记忆永远是中国味道的，因为这种文化熏染了你们的灵魂，就好像一个南方人喜欢吃辣椒，你们永远都喜欢中国风物、中国风土、中国烟雨山水的那种情调，这才是我们灵魂安放的地方。就好像我们要寻找母亲的乳头一样，我们会回到自己记忆的源头，无论在什么情况下。

丢失的故乡

中国人安土重迁，有一个凄凉的词：背井离乡。离乡，就是离开自己喝水的井，非常形象地表达了人和故土的依存关系。

有很多原因会让一个人离开故乡和故国，其中被迫的离开最易让人产生连根拔起的感觉。比如，中国史上几次大的战乱，大量北方人口南迁：西晋永嘉之乱、唐代安史之乱、宋末靖康之乱等等；除了政治因素，还有为生计所迫，走西口、闯关东、下南洋等等。这些动辄数十万人口的迁徙，改变了中国的人口分布状况，每一次迁徙都有许多悲壮的故事发生，可惜多被掩埋在时间的尘埃之下。

一座城市的改名，也可以让人丢失故乡。当长安改名西安，一个王朝消失了。这些重大的历史细节，中国诗人很少记录，有一位俄罗斯诗人记下了。他的故乡彼得堡改名列宁格勒，俄国也改名苏联了，许多文化名人被驱逐出境，留下的很多人被迫害致死，诗人曼德尔施塔姆被流放西伯利亚，故乡丢失了。他写了一首诗《列宁格勒》，内容却是记忆中的彼得堡。他向这个心灵认定的故乡呼喊：

> 彼得堡，我还不愿意死：
> 你有我的电话号码。
> 彼得堡，我还有那些地址
> 我可以召回死者的声音。

可是，彼得堡已经人间蒸发，眼前是全然陌生的列宁格勒，随时会有人破门而入，把诗人推进地狱。最终，诗人无声地消失在流放西伯利亚的途中。故乡与人一起丢失了，这首诗却留了下来。

当今世上，有两类人对故乡的情感尤其强烈而深邃：一种是犹太人，他们从圣经旧约时代就一直流浪，出埃及，寻找家园，然后经历种族灭绝，九死一生，终于成立以色列国；还有一种是黑人，非洲的居民，被作为奴隶、作为商品到处贱卖，分散在世界各地。美国诗人休斯在《黑人谈河流》中写道：

我了解河流：

我了解像世界一样古老的河流，

比人类的血管中流动的血液更古老的河流。

我的灵魂变得像河流一般深邃。

人类文明的源头伴水而生，有河流的地方就有文明，就有黑人，却未必有黑人的家园。他们当然有资格说：我了解河流。

心愿之乡

每个人都有自己的故国，更多的时候我们会为她焦虑痛心，中国诗人艾青说：雪落在中国的土地上，寒冷在封锁着中国呀……一唱三叹，为苦难的祖国呐喊。也有一些国家的人似乎口含金汤匙出生，认为自己的故乡是上帝选中的福地天堂。比如，希腊诗人埃利蒂斯的《爱琴海》，他的故乡是哼着歌谣的，海浪也是温柔的。而意大利诗人夸西莫多的《岛》，则是花开芬芳的，乡音温柔而羞涩，是童年和爱情的声音。

对你的爱

怎能不叫我忧伤，

我的故乡？

如此缠绵的爱，以至于爱到忧伤的境地，这样的故国，这样的心情，真是让人嫉妒啊，只有幸福的国度、幸福的人才会爱得这样忧伤，爱成幸福过度的模样。德国诗人荷尔德林相信，故乡具有治疗心病的功效；另一位德国诗人、哲学家尼采，他睥睨全世界，却也说：天就要下雪了，现在还有家乡的，真是福气！这个家乡，不是一座房屋一个地点，而是指一个人的心灵家园。一个人可以远离故乡，只要他的心中有个精神家园，他就是一个有家可归的人。德国诗人、小说家黑塞在《面对非洲》里写道：

> 不让身边的事务将我紧紧地温暖地捆住，
> 因为，即便在幸福之中，我在这世上
> 也只能当个过客，永远不能当个市民。

在家乡舒舒服服做个小市民，多么无聊，所谓好男儿志在四方。更进一步，故乡，对于某些人而言，并不是一个地理概念，而是一座心灵家园。在这个家园里，有无限的美好，如果要用诗句来表达，可以是爱尔兰诗人叶芝在《心愿之乡》中憧憬的模样：

> 因为她们听见风儿边笑边说边唱，
> 唱一个连老人都很美丽的地方，
> 就是聪明人也谈笑风生；
> 我又听见库兰尼的芦苇在谈：
> "到风儿边笑边说边唱时分，
> 心的寂寞啊就要消散！"

第九讲　当你猎取幸福的时候

讲授篇目

〖波兰〗米沃什《一个故事》

〖美国〗狄金森《我啜饮过生活的芳醇》

〖德国〗海涅《幸福是一个轻薄的姑娘》

〖意大利〗蒙塔莱《生活之恶》

〖瑞士〗黑塞《幸福》

〖英国〗奈特《幸福》

〖德国〗尼采《我的蔷薇》

〖德国〗尼采《醉歌》

〖英国〗布莱克《笑与鞶》

一切源于牙疼

先来看一个故事，一头灰熊的故事。

波兰诗人米沃什说：一头熊，不好好待在森林里，跑到人类居住的地方来骚扰。既不怕火，也不怕人，公然去砸门，与人类为敌，猎人自然就把它灭了。一头熊为什么会发疯呢？细心的猎人发现，只不过是因为牙疼。

俗话说：牙疼不是病，疼起来真要命。没有牙疼你不会感到牙齿的存在。而小小的牙疼会使一头灰熊失去理智，做出超越常规的行为，最后走向灭亡。人类何尝不是如此？某种痛楚、某种需求、某种愿望、某种激情，会促使你改变正常的生活轨道，跳出常规，做出非理性的举动。近年网上爆出很多小事件：这个人活得好好的，突然在网上发布一个消息说要与人私奔了，或者突然逃到国外去了。这些突然间超越常规的行为，往往是因为某种痛楚所触发的。这种痛楚就是生活中的偶然事件，导致了一些必然结果。

你总有某个时候会被生活的某个细节击中，然后改变了自己的生活轨迹。这个时候，你就会跳出常规，也变成了一头灰熊。当然你的结局可能是灭亡，也可能是升华，不一样。2011年发生的小悦悦事件：一个两岁小孩被汽车碾压倒地，监控显示，孩子身边有18名路人经过，全都冷眼而过，这些人都太"正常"了，害怕伸手就需担责。而一位老太太，第19名路人，她跳出了常规，她觉得有人倒地需要帮助，她要去帮助。她跳出了今人的市侩伦理常规，回到古代的伦理之道去了，"路见不平拔刀相助"之类的。

因为某种无可言说的痛楚逼得你超越常规去做人，盲目的勇气令你的生活置于危险的十字路口。而上天并不像牙医一样能治好每个人的牙疼。这时需要你自己护理自己。人的一生中，经常有牙疼的时候，不能等待别人来拯救你。因为"牙疼"，我们的行为轻易导致了人生的幸福或不幸。

幸福是一个水性杨花的姑娘

幸福是一个轻薄的姑娘，

不爱老待在一个地方，

她抚摩你额上的头发，

慌忙地吻你，就逃得不知去向。

不幸夫人却和她相反，

总是把你搂着和你纠缠；

她说，她没有要紧的事情，

她老是坐在你的床边编结绒线。

——海涅《幸福是一个轻薄的姑娘》

德国诗人海涅，他一生经历过无数的磨难，对于幸福与不幸，他有独特的感悟。他说幸福就像一个轻薄的姑娘，她总是拈花惹草，心性不定，忽然对你示好，突然转身又不见了，幸福就是这样的，偶尔露出她的美貌。很快，你就看不见她的踪影。而不幸，却像一个坚韧、忠贞、心静如水的老妇人，她非常有耐心地守在你的病床边。假如说你的人生就像一场疾病，你躺在床上，不幸就像是一个忠贞的看护妇，她守在你的床边，很耐心地看着你，而且一边看护你一边为你打毛衣，要把你包裹起来，让你沉浸在不幸的快感之中。为什么说"不幸的快感"？有些人具有一种悲剧性人格，快乐他体会不到，痛苦却能让他陷入其中难以自拔。所谓多愁善感的人就是这样的，他很容易体会到不幸不快，而且还会沉浸在里面，从中感到一种受虐的快感，这就是不幸的快感。这种人很多，你们自己去慢慢发现吧。

在痛苦中体验幸福

幸福是多么奇怪的东西，很多人认为它在未来等着，更多人认为它已经过去，很少人认为它就在身边待着。意大利诗人，人称"生活之恶的歌手"的蒙塔莱在《幸福》一诗中，用"幽光、薄冰、晨曦、气球"等形象来描绘幸福，短暂、美丽、难以捉摸。他在代表作《生活之恶》中声称："我时时遭遇生活之恶的侵袭"，像被扼断喉管的溪流，又像奄奄一息的鸟儿，怎么办？他认为只有用"清醒的漠然"对待不幸，像雕像，像云在蓝天，像鹰在飞，就这样，不逃避，也不被生活之恶所击倒。追求幸福的前提就是：直面不幸，拥有抵制恶的意志和勇气。

黑塞认为，人在猎取幸福的时候，并不能体会幸福，"只有当你放弃一切欲望，再也不知道目标和追求，不再以幸福之名称呼幸福，那时，万事的洪流就不再冲到你心头，你的灵魂就安静下来"。黑塞喜欢中国老庄，这个理念就近似道家的思维：超然于时事之上，无为而无不为。不汲汲于幸福的时候，幸福可能会悄然而至。

尼采的幸福观又与众不同，他认为幸福是个相对的概念："是的！我的幸福——要使人幸福——确实，一切幸福都想使人幸福！"的确如此，独善其身的幸福是不存在的，只有先给别人幸福，自己才能感到真正的幸福。尼采在《醉歌》中向人们呼唤：

> 痛苦是深沉的——
>
> 快乐！却比心疼还要深沉；
>
> 痛苦说：消亡罢！
>
> 可是一切快乐都要求永恒——
>
> 要求永恒，深沉的永恒！

是的，痛苦是人类的常态，而追求快乐的力量却更为强大，因为痛苦或许不请自来，而快乐，是人类永远主动追求的方向。

感受幸福是一种能力

狄金森，美国诗人，一生都躲在小屋里，穿着一袭白裙，在那里安静地写诗。她在生前没有发表过几首诗，甚至没有人知道她的诗歌才华。偶然有一个牧师看上了她的才华，推荐发表了几首诗。诗人悄悄爱上了牧师，因为不可能走入婚姻，没有发展为恋情。狄金森的一生可以说是很荒凉的一生，在她死后，人们在她的抽屉里找到了几千首诗歌，她被认定为美国诗歌史上最伟大的女诗人，甚至是世界诗歌史上自古希腊的萨福之后最伟大的女诗人。

> 我啜饮过生活的芳醇——
>
> 付出了什么，告诉你吧——
>
> 不多不少，整整一生——
>
> 他们说，这是市价。
>
> 他们称了我的分量——
>
> 锱铢必较，毫厘不爽，
>
> 然后给了我，我的生命所值——
>
> 一滴，幸福的琼浆！
>
> ——狄金森《我啜饮过生活的芳醇》

　　狄金森对生活的理解很有意思，她认为，她用了一生，来换取幸福，得到的只是一滴幸福的琼浆，剩下的全是苦涩。人们说这是市价，市场价格就是这样，不是我一个人这么不幸，对于任何人来说都是如此，这就是幸福的市价。为了一滴幸福的琼浆，付出一生的追求，值得吗？狄金森认为是值得的，她明白幸福是一刹那的，是经过努力之后才获得的。幸福难得，却不能因此忽略了它，否则将坠入永远的黑暗之中。

　　幸福是一种自我感觉，它跟外界的评价标准没有关系，跟你所拥有的东西也不能画上等号，没有人能阻止你获得幸福，只看你能否感受到幸福。同时，幸福并非虚无缥缈的，它可以由很小的事物构成。例如，英国诗人奈特，有一天他在路边看到了两匹小马，小马对人毫不戒备的亲近，让诗人感动莫名，写下这首名叫《幸福》的诗。

在暮色苍茫的公路边，看到两匹印第安人的小马，小马寂寞宁静，眼神温柔，彼此相爱，吃了一整天的草，看见人来了，高兴得身体颤动，我感觉到了小马对人的亲和，我想去抚摸它们，于是我就真的去摸了一匹小马的耳朵，感觉像摸一个姑娘的手腕一样，突然产生了一种幸福的感觉。

> 微风吹过，我禁不住摩抚了她的长耳朵，
> 那皮肤柔和得像姑娘们的手腕。
> 我突然感到
> 如果我能脱出自己的躯体，我就会
> 怒放如花。

我们以前读过叶赛宁的诗，他想把自己的手臂嫁接到白桦树上，想与自然融为一体。在这里，奈特说：他一下感觉到自己跳出了躯体，在野地上怒放如花。这是什么意思呢？请注意前面说到的那两匹马在干什么？吃草。如果我此时变成草，就可以让它们吃掉，变成对方身体的一部分。当然，也可以不用这么过度诠释，身体化作满地鲜花，只是比喻极端幸福的样子。

你说幸福来自哪里呢？这生活中点点滴滴的东西，如果我们有足够的领悟能力去体会它，去感觉它，去接受它，或许就不断会有些幸福感吧。用罗丹的话来说：这世上并不缺少美，缺少的是发现美的眼睛。幸福的玫瑰也一样，这世上并不缺少玫瑰，缺少的是你发现玫瑰、种植玫瑰，以及一朵玫瑰就可以让你的身体开花的能力。

第十讲　泪洒落在我的心上

讲授篇目

青春的每一滴眼泪都无比真诚

人出生的时候，一阵哭声宣告一个新生命的诞生。人带着哭声进入人世，据说是因为人生是苦海。哭其实是生物的本能，而笑则需要训练，所以哭的本能比笑的本能强，因而人感受悲伤比感受快乐要多。并且，随着年龄的增长，人感受快乐的能力逐渐减弱。小时候，讨好你的身体就可以，长大了，要讨好你的心。

童年是傻傻的可爱，天真烂漫，蒙昧的快乐，吃一根冰棒、一块巧克力就很满足。而进入青春期，忽然变得多愁善感，忧伤变得很多，你开始玩深沉，喜怒不形于色，面部表情僵化、麻木，没有明朗的笑容，学着掩饰自己。你慢慢有了自己的看法，有了自己喜欢的格言、书和作家，在与社会的碰撞中，建立对生活的态度。青春期就是一种不固定状态，一种流动的成长，自我还没有定型，就是所谓的不成熟。而所谓成熟，就是接收了成人社会的规则，变成芸芸大众之一，自我消失了。因而，青春期的一切忧伤都值得尊敬，每一滴眼泪都无比真诚，都是成长的字迹。

> 泪洒落在我的心上
> 像雨在城市上空落着。
> 啊，是什么样的悲伤
> 荆棘般降临我的心上？
>
> ——魏尔伦《泪洒落在我的心上》

悲伤如此尖锐，魏尔伦把它比作荆棘。到底出什么事了？结果什么事也没有，既没有失恋，也没有丢钱包，"泪水洒落，没来由啊……没有恨也没有爱，我的心有这许多悲哀"。情绪的波动跟具体的爱恨情仇无关，这莫名的哀愁从何而来？

一株植物，会随着气候的变化生长荣枯，人也一样。人是自然的动物，明朗的天气里，你心情开朗；阴雨绵绵的时候，你难免会心情低落一些，那时候你更愿意倾诉；而寒冬来临，就想冬眠，不想干活。一个人的心灵就好像一张古琴，外物的触碰会发出声音。有些事情，会左右我们的情绪，有些景物飘过，我们会特别敏感，人事风物有意无意撩拨你，你忽然就坐立不安了，这就是人的心情的由来。一阵小雨，落在屋顶上，漫无边际，无休无止，让人找不到透气的地方，到处都被雨所覆盖、所笼罩。诗人的心发生感应，忧伤像荆棘般落在身上，无数的泪就洒落在我的心上。对于一颗敏感的青春之心，忧伤不招自来，真的不需要什么理由啊。

在人的一生当中，情绪变化最快的是幼儿时期，俗语说：春天的天像孩子的脸，一天变三变。而人生中情绪变化最为丰富、最为细腻的，是青春期。因为很多情感、很多经历都是第一次，印象就非常深刻，带来的冲击也就特别大。所以，青春期的人是一个情绪多变的人，很多情绪累积下来，积淀为心境。在心理学上，"心境"是指持续一段时间的一种恒定的情绪。比如说这段时间我都很郁闷，或者这段时间我都特别开心，心情多变，心境则相对持续较长一段时间。从人生的角度来看这个词，你可以把它理解为你的心灵所处的环境。魏尔伦这首小诗，非常经典地刻画了青春期的心境。

少年的情绪波动，就如日出日落般自然，可以没有任何理由却感觉悲伤。窗外的一朵木棉花开了又谢，没人在意，而你在意了，忧伤的情调油然而生。于是在众人喧哗的地方停下脚步，躲到没有人的角落，感觉自己融不进众人之中。这种莫名的忧伤，是青年的特权，这个时候，你是独自面对自己的内心，虽然悲伤，却很美好。年轻人多愁善感，是因为你对生命拥有期待。珍惜这种不招自来的悲伤吧，它让你的心保持在青春状态，不绝望，不干涸。没来由的悲哀，正是你生命处于青春期的象征。

人是一个很讨厌的东西。那么多好东西哄着他，养着他，供着他，他却不觉得快乐和幸福，稍微有点儿不满意，他就觉得自己的痛苦比天还大。这就是人的本性，容易悲伤。而且这常常是在你的年轻时代，常常是这种没来由的悲伤。我既没有恨谁，也不是因为爱，却有这么多的悲哀在我的心里。很多东西你没有答案，未来对你来说是一种渺茫的存在。一些没来由的东西雨一样落到了你的心里，当你的心还没有储存许多让你情绪稳定的品质，你就不容易抵御那种莫名其妙的忧伤。一旦年龄大一些以后，很多心情演化成了一种心境，而持续的心境就变成了你的一种人格，当你的人格稳定以后，你就不那么容易喜怒哀乐了。可是，当你不容易喜怒哀乐的时候，你就已经老了，而心老了，离坟墓也就不远了。内心有悲哀有波动，这正说明你年轻！所以不要怕。

喜爱你的小孤独

去饮酒访友，我逃脱了你，
因为我怕你阴暗的眼睛，
在恋人怀中，听弹琉特琴，
你的不孝子，我忘掉了你。

你却默默地紧跟不放松，
在我绝望地痛饮的酒里，
在我的沉闷的热恋之夜里，
也在我对你嘲笑的声中。

现在，当我又回到了家里，
你让我疲倦的肢体凉爽，
你把我的头放在你膝上，
走了许多路，还是走向你。

——黑塞《致忧郁》

黑塞把忧郁当作难缠的对手：一个人待在家里太闷了，出去晃悠，访友、谈情、饮酒作乐，做这些事情的时候，挺快活的，做完以后，停下来，发现悲哀如此缠绵，总在不经意时又回来了。走过了千山万水，最后还是回到忧郁的怀里。忧伤的心境已经缠住了这个人，让他无法解脱。这到底是为什么呢？

在雾中散步，真是奇妙！

一木一石都很孤独，

没有一个人了解别人，

人人都很孤独。

——黑塞《雾中》

　　在浓雾之中行走，迎面相遇不见人，就好像一棵树不认得另外一棵树，树与树之间不会握手。看看同桌的你，坐得这么近，实际上两个人心灵的距离无限遥远。这是人在人世间生活的一个基本事实。就好像法国诗人普吕多姆在《银河》中所言：每颗星星都是"受伤的天体"，因为孤独，一颗星发出的光，照耀不到另外一颗星。就像是许多人心发出呼唤和祈求，别的心灵却没有感应，"每颗闪亮的心"，只能"默默地在夜里燃烧"。

　　人类是群居动物，每个人却是独立的个体。孤独是人的本性，合作是人的必然选择，这就是我们生存的基本状况。必须借助别人的力量，我们才能活下来，同时我们与人相处之时，又是一个孤独的个体。任何人都没有办法完全接纳你，包括你最好的朋友，最亲密的恋人。人与人之间的交往是没有办法完全沟通的，没有任何两个人同心同意。如果与别人的想法不一致，就会感到孤独，这是人的天性。人与人相处，只可能在某一方面交流，"三人行，必有我师焉"。任何人都有超过自己的地方，我们就是与别人的优点交朋友、谈恋爱、合成新基因。心与心偶尔会运行在相同的轨道，多数时间是独自运行，这是人的本性。那么，你讨厌孤独就是在讨厌你的人性，所以最好的办法是喜爱你的孤独。

　　人因为孤独，而找到自我。

　　我们来看你的成长过程：小时候，你遇事都是父母和老师在帮你，你是什么时候学会了自己走路上学？又是什么时候学会了自己面对陌生的事物，自己独自解决问题呢？就比如说现在，除了老师给你布置的作业，你还会自己去读点别的书，做点别的作业吗？大家可以设想一下：你们每天接受的知识是一样的，你们每天做的作业也是一样的。你怎么可能区别于别人呢？你只不过是班级教育流水线上的一个零件而已，大家都是批量生产的。你区别于别人的只是额外做的那一点点事情，你为自己心灵的需要做的那一点点事情。那么这种状态好不好，该不该有自己的选择追求呢？显然必须这样。那么这样做的结果是什么？就是使你日益孤独了。你进入了个人的那片天地，你走的不是大众化的那条路。在这种情况下孤独是好事还是坏事呢？它带来的结果就是让你尽快地形成了你的人格，你的自我。人没有孤独则没心没肺，没有自我就没有明朗的笑容。在孤独中才可以找到自己，才不会迷失方向。拥有自我，才可以无所畏惧。作为高中生，不可以没有孤独，也不可能没有孤独。所以，喜爱你的孤独，享受你的孤独。这是年轻时代的一门必修课！

大孤独何以自处

一般人所碰到的孤独，是有限的，有些人碰到的孤独是巨大的。当你跟整个世界为敌、跟整个社会为敌的时候，你的孤独就很可怕了。比如说英国诗人拜伦，年轻的时候写诗，把当时英国文坛上所有大佬骂了一遍，那个时候他十九岁，虽然骂得不无道理，却一下惹恼了整个文坛。数年后，一桩草率的婚姻迅速破裂，使他一夜之间从上流社会的宠儿变成社交界的弃儿。然后他远走希腊，写了一首赞美希腊的长诗，批评英国社会，这下把英国公众全得罪了，英国人民不欢迎他。拜伦发出这样的狠话：如果真是我错了，我就不配在英国居住；如果是你们错了，那英国就不配我居住。他体会到的孤独是什么？是来自整个社会的一种压力。这种孤独才是真正的大孤独啊。

然而，如果是在人群、喧嚣，和杂沓中，
去听、去看、去感受，一心获取财富，
成了一个疲倦的游民，茫然随世浮沉，
没有人祝福我们，也没有谁可以祝福，
到处是不可共患难的、荣华的奴仆！
人们尽在阿谀、追随、钻营和求告，
虽然在知觉上和我们也是同族，
如果我们死了，却不会稍敛一下笑：
这才是举目无亲；呵，这个，这才是孤独！

——拜伦《孤独》

　　做一个隐士，隐居在山林里，这不叫孤独，你在享受大自然的美景呢。生活在人群里，却见不到一个可以倾谈的人，见不到一个可以相爱的人，这才是真的孤独，没有人理解你、祝福你，身边也没有人值得你去理解和祝福，如入无人之境。茫茫人海对你而言形同沙漠，这种孤独是超然于世的孤独，最后多半走上殉道者的道路，像屈原一般束手自沉，或者像文天祥一样慷慨就义。小孤独不妨孤芳自赏，大孤独却需要铁肩担道义。但愿命运不给你这样巨大的机会，来验证你的人格。

太阳落入清凉，没有伴，
没有为我们干完活后的责难。
它落下去了，心里一无信仰。
当它去后，我听到溪水跟踪而至的流声。
它从很远的地方带来它的长笛。

——默温《冬日薄暮》

　　低头看人世，到处都是烦心事；抬头看大千世界，世界本无事。太阳每天都在为我们干活，万物生长靠太阳。太阳没有伴，每天为我们干完活后，孤独地落入黑暗之中，它没有喊苦喊累，也没有责怪人类。太阳是如此的无私，落下去了，心中不需要有任何的信仰——对于太阳而言，宇宙中没有什么高于自己的东西，它也不需要有任何的赞美。当太阳下去后，我听见溪水跟踪而至的笛声。这是什么状态？太阳工作之后，毫无怨言地落下去了，然后我们从铺天盖地的黑暗之中听到的是绵绵不绝的溪水的声音，就好像是一曲安魂的长笛声，抚慰着人们的梦乡。这不就是人类正常的生活状态吗？你天天享受这种美好的生活，却从没感受到大地对你的奉献，太阳对你的奉献。人类从来就像是一个不思回报的孩子，一个身在福中不知福的孩子。世界上只有地球才有生命，我们却成了最忘恩负义的一个物种，我们如果能感受到生存本身就是一种幸福的话，那么它所带来的附加的次要的东西，不幸、仇恨、悔恨和遗憾，对生存这个大前提来说，不都是次要的吗？一个生命能存在就是最大的幸福，你的眼泪，可以被这种幸福晒干。

第十一讲　我没有时间恨

讲授篇目

人生用什么来填满

我没有时间恨

因为

坟墓会妨碍我

生命

并不那么宽裕

恨，难以完成

我没有时间爱

但是既然

必须做点什么

爱的那点苦工

我以为

对于我，已够繁重

——狄金森《我没有时间恨》

如果岁月是一个个空格，一个人的一生要用什么来填满它，才觉得不虚此生？狄金森说：我没有时间恨，因为坟墓会妨碍我。想想《铸剑》《赵氏孤儿》《基督山伯爵》这些著名的故事，用仇恨来填满一生，结果怎么样？一生痛苦，复仇之后，短暂的快意之后，人生突然失去了目标，再活下去已然索然寡味。《长恨歌》的结尾："此恨绵绵无绝期。"这个恨是遗憾，换成仇恨也一样，冤冤相报，仇恨永远没有尽头，你用一生来仇恨都不够，像愚公移山一样世世代代相传来报家族仇恨，也完不了，因为恨是恶性循环，没有完结的时候。恨，使自己备受煎熬，最终变得可怜，仇恨者身上没有让人喜欢的东西，报仇的火焰令人不敢靠近。无论是对别人的仇恨，或是对自己的遗恨，都是悲哀的，没有再生能力。与其做一件注定没收获的事情，还不如改变一个方向，用我们有限的人生来爱吧。

人生有限，爱恨无穷。爱和恨都是人生的苦差事。但是两相比较，与其去恨，不如去爱，爱能让你活得有所希望。狄金森却说：我没有时间爱。如果说恨是浪费生命，爱不是在享受生命吗？为什么没有时间呢？你要在人世间好好地去爱别人，找到你爱的人，最终让你爱自己，过你自己喜爱的一生，这容易做到吗？爱也是一件繁重的苦工。世间的人，常常不是在爱，而是在寻找爱。一个爱着的人和一个一生都在寻找爱的人，是两种人。这种爱不是说男女恋情，而是说你的生活情态。如果你对这个世界抱有爱心，从小到大，你很享受自己播撒阳光的形象，你给世界传递温暖，也收获温暖，给别人传递爱，也收获爱。而有些人呢，即使别人爱着他、宠着他，他也从来体会不到爱，更不舍得付出一点爱给别人。这种人觉得一辈子缺少爱，就因为他不知道付出爱，所以一生都在寻找爱。这就很恐怖了，他可能一辈子都找不到，因为他根本不懂得，爱实际上是一种交换行为。你没有付出，就不可能有回报。真正懂得爱自己的人，先要学会爱别人。

我很难看见人而不想揍他一顿

我们生活在人世中，有很多人的确不值得我们爱，甚至让人恨之入骨，我们有时候真想像米修老兄一样，把看不惯的人拍扁又晾干，像对付一团脏泥，把他塞进杯子里，倒在地上，然后扬眉吐气地大喊一声："给我拿只干净杯子来！"可是，这么做过后，我会浑身不自在。毕竟我们没有权利这样对人，就像别人没有权利这样对我们。

> 我很难看见人而不想揍他一顿。
> …………
> 瞧！正好来了一个。
> 哈，我替你抓住他，一敲，梆！
> 又抓起他，一敲，梆！
> 把他挂在衣架上。
> 取下来，
> 又挂上。
> 再取下来，
> 搁在桌上，
> 铺平，压得扁扁的。

弄脏，泡湿。

他又活了过来。

在水里洗一下，把他拉长（我有些不耐烦了，想尽快了结），按他，揉他，把他塞进杯子里，然后公然倒在地上，对茶房喊一声："给我拿只干净杯子来！"

可是，我浑身不自在，付完账，急忙走了出去。

——米修《我的要务》

一般人不这样写诗，米修则无所顾忌，写得很放肆。这样也可以是一首诗，因为他说出了人类特有的心理状态，捕捉到一瞬间的心理活动。人的心底，的确有对同类的鄙视。世界上的确有些人，你实在是爱不起来，而且你没办法回避，比如说你们现在坐在这里只能面对我这样一个老师，你对我恨之入骨也无可奈何。你的同桌坐在你旁边，你讨厌死他了，他上课老是胡说八道，干扰你听课，你却拿他没办法。工作之后，你的上司是个十足的混蛋，你也不能把他干掉。即便你产生想扁人的冲动，也只是瞬间冲动，不可能真那样干。

你的情绪造就了你一生的生活质量。如果整天处于不断积累的黑暗情绪之中，就很容易发展出对人类的一种仇恨。现在是一个资讯发达的世界，虽然我们打开电视看到的世界一片美好，但是我们打开电脑看到的世界却是黑暗。在这种情况下成长起来的一代人，常看到的是不良的消息，社会上有那么多龌龊的事情发生，你对人类还敢抱有希望，还敢去爱，还敢生下孩子，那可能真的需要勇气，需要强大的内心世界，否则很容易就会变成一个讨厌社会、讨厌人类的人。在这个时候，怎样处理自己的心境，怎样发展自己的人格，异常重要。

科学家研究生命科学，提出了"自私的基因"的说法。法国哲学家萨特说"他人即地狱"，活在世上，任何人都妨碍你，抢你的东西。无论是"性善论"还是"性恶论",都把希望寄托于教育。没有良好的教育,任何人都可能变成恶人。其实,人本源的善恶并不重要,只要活着的时候"性善",这才是重要的。如何做到呢?如果用大话哄人:爱世界、爱别人多过爱自己,这可能只有圣人才能做到。还有舍生取义、舍己为人、把别人的生命看得比自己的重要……这些,大约也只有极少的人才能做到。古今中外,芸芸众生,爱自己,是正常的,这是生物的本能。关键是如何安置善与恶、自己与他人、自己与世界的位置。

恨这个世界容易,还是爱这个世界容易?说爱容易的同学,说明心态良好。爱不艰难,那是因为大家都生活在幸福状态下。说恨容易的同学,或许更洞悉人性的复杂。老师认为,恨比爱容易一百倍!相反,爱的工作要比恨繁重一百倍。

依你的价值观、审美观来看,许多人活着是多余的。这对不对?任何人没有权利妨碍别人,不可以伤害别人,这是底线。不把别人当地狱,才可以相处得如同在天堂一样。有一则寓言:有一个人寻找地狱和天堂。他来到一个地方,看见一群人在吃饭。他们用很长的勺子,比手臂还要长,他们不能够用这么长的勺子把食物送到自己的嘴里,谁都不能吃,这就是地狱!他来到另一个地方,那里也有一群人在吃饭,他们也用同样长的勺子,但是,他们就用自己的力量,把东西送到别人嘴里。这样每个人都能吃饱,这里就是天堂!互相友善,才可以成为天堂。你以什么样的态度对待别人,就代表了你自身的素质。

这首诗实际上说的是一个人和世界的关系,人和自己心灵的关系。对抗和逃避都是没有出路的。最好是认真接受自己心灵中涌现出来的每一个念头,然后想一想怎样才是让自己健康的、快乐的、爱着的、活着的一种方式,而不是让你消耗的庸人自扰。首先我们不怕忧伤,也不怕痛苦,这些东西来了以后,我们要找到办法,兵来将挡,水来土掩。这是我们要学习的功课。

你在人间的姿态

波德莱尔认为：享受人群的美味是一门艺术。他把别人当作了自己的写作材料。中国古代有《倩女幽魂》的故事，说一个女子爱上一名男子，身体留在家里，魂魄离开了身体，跟男子快乐地生活在一起。古人奇妙的想象：人的灵魂是可以出离身体的。波德莱尔用的就是这种招数：在想象中，他可以在大街上任意选择一个人，进入别人的灵魂，像别人一样去思考、感受、生活，让人世间各种各样的灵魂的秘密展现在眼前。这样，诗人就有了如上帝一样看透别人心思的能力。这样创作的文字一定奇妙而丰富。不知你想不想有这种离魂术？

庞德觉得世界太肮脏了，要像上帝那样重造世界，重造一批新的人类：让梦具有生命，按照梦想的样子创造世界。这类想法在青春勃发的青年人的梦想里是可能的，纯洁而脆弱的你，可能认为人类太无耻了。但这仅仅是青春期的梦想罢了，一旦"长大成人"，你就放弃了这些梦想，认为它们幼稚。世界可不可以按照"梦想"重造？希特勒就认为世界上只有雅利安人是优秀的，而犹太人是低级的可杀的。恨是有尺度的，以爱为前提的恨是允许存在的；相反，以恨为前提的恨是灾难，无论是在军事上还是在生活中。再说，梦的世界是不是虚无的？我们如何善待自己的梦想？你想过吗？

拜伦认为，"我没有爱过这个世界，它对我也一样"，仿佛他与世界结了仇。高傲的个性使他与公众为敌，一人敌一国。"不能把我看作他们一伙；我站在人群中却不属于他们"，拜伦不愿意成为俗人中的一个。其实拜伦是深爱过这个世界的，只不过他用的是一种骄傲的方式，他不是匍匐在这个世界的脚下爱它，而是骑在它的脖子上爱它。正因为他太爱这个世界，才发出这样绝望的呼声，或许爱的极端就是恨吧，但他对世界仍是寄予希望的，"我还以为：善不只是空话，幸福并不只是梦想"。

一派纯情的济慈讴歌，"一件美好的事物永远是一种快乐"，美是永恒的喜悦。席勒作词、贝多芬作曲的《欢乐颂》，把人类爱的力量、欢乐的力量传遍全世界。欢乐女神的境界，是对人类的广博的热爱。

既然我们没有时间恨，那就让我们爱吧！让我们去追求快乐！其实，我们每个人心中都有一座美丽的大花园。如果我们让别人在此种植快乐，同时也让这份快乐滋润自己，那么我们心灵的花园就不会荒芜。

（最后，全班唱着《欢乐颂》，在歌乐诗意中，结束了这节课）

第十二讲　还是那颗头颅

讲授篇目

帆的梦想与钢的祈祷

人生是风平浪静好，还是跌宕起伏好？有些人希望自己的一生风平浪静，没有波澜，就这么安安静静过一辈子。另一些人觉得这样太平庸了，因为世界没有变化，生命没有波澜，白活了一辈子，在你的生命里就有一种冲动，似乎心里有一只怪兽跃跃欲试，想跳出来咬这个世界一口，留下你自己的牙印，证明你活过了。这是很正常的一种青春心态。莱蒙托夫的《帆》，就是这种有生命力的年轻的心态。

在那大海上淡蓝色的云雾里，

有一片孤帆在闪耀着白光！

它寻求着什么，在遥远的异地？

它抛下什么，在可爱的故乡？

　　一片孤帆，漂流在海上，它离开了故乡，去到了遥远的异乡。它不是在寻求幸福，也不是在逃避幸福，只是在呼唤着暴风雨，它希望这个世界在它面前有巨大的变化，它不屑于安宁，它要在暴风雨中才能感觉到内心的安详。一成不变的生活让人变成一个套中人，生活在一种窒息的空间，如同牢狱。如果你的人生从现在就可以看到未来，从 18 岁就可以看到 80 岁，你这样活着还有意思吗？你会希望有一点改变。这改变的冲动就会让你像这片海上的孤帆一样，渴望着风暴，在风暴中自己真正地活着，活得很实在。

请把我放上铁砧，哦上帝，

捶我，揍我，打成一根撬棍，

让我撬动古老的墙，

让我拆松古老的地基。

——桑德堡《钢的祈祷》

　　桑德堡给人的印象是一个大嗓门、宽肩膀的形象。他把自己想象成一块钢，这块钢又希望被锻造成一根撬棍。同样大嗓门、宽肩膀的苏联诗人马雅可夫斯基说：我要把我半个祖国变成废墟，再把另一半清洗干净。这是诗人狂放的想象，都是要改变祖国的雄心壮志。桑德堡表达的是年轻的美国人的心声："把我钉进拽紧摩天楼的大梁，用烧红的铆钉安我在主梁上，让我做个大钉拽紧摩天楼，使它穿过深蓝的夜空，刺进银白的星群。"诗中的形象，有点像雷锋：做一颗革命的螺丝钉，把我安在哪儿就在哪儿发挥作用。诗中的我是要起大作用，用钢铁意志，建设崭新的工业城市和新国家；有我加入的摩天大楼，是人类意志的象征，我要做的是，将人类的形象升上天穹，比肩群星，让人类成为宇宙星群中最耀眼的一颗。

人的变形记

在狂呼乱叫之中，在神魂颠倒的呓语里，

　　在喇叭尖叫、锣鼓喧闹的场合

保持分寸便是最有力的抗议。

普通人已经失去了说话的权利

像鱼张着嘴巴在养鱼缸中默默地游觅。

我对命运的安排逆来顺受。毕竟我只不过是人。

然而我感到痛苦，渴望变成跟鱼一样的生命。

　　　　　　　　　　　　　——米沃什《鱼》

　　1974 年的波兰，处于一个疯狂的年代，社会被高音喇叭控制，个人发不出自己的声音，失去了说话的权利。保持分寸不动，不同流合污，是最好的抗议，"像鱼张着嘴巴在养鱼缸中默默地游觅"。但是，人不是鱼，人有思想，人会痛苦，"毕竟我只不过是人"，但是，生而为人却不能像人一样发声，没有说话的自由，与其做个有口难言的人，还不如离弃人的世界，变成没有声带的鱼。生活太残酷了，还不如做一条无知无觉的鱼，没有任何思想情感地活着，免受煎熬。这是怎样痛苦的控诉和尖锐的讽刺。

在斯大林时期严重的个人崇拜被清除后,《头发》的作者梅热拉伊蒂斯有劫后余生的坚强,打倒"四人帮"之后的中国老百姓,很容易体会相似的心情。一个人过早衰老的标志是黑发飞雪。人突然遭遇很大的变故,会像"伍子胥一夜愁白了头"。诗人说:"是由于极度的幸福,它把心头的灾难克服,我的头变得明亮灿烂",消除了煎熬的魔咒,一个人在经历了苦难之后对生命有了新的理解,艰难险阻早已变成了力量,"就像白花花的苹果树,只要我在村边长大,我就将屹立,就将照耀"。

> 树啊,你怎么被人们截短,
> 看上去多么异样而离奇!
> 你吃过多少次的苦头,
> 直到你内心只剩有反抗和意志!
>
> ——黑塞《被截短的橡树》

树被人砍断了,它再生的意志还在。就像我们街上的道旁树,每年都会被砍去长得不规矩的树枝。一次次被砍去树枝,却激发了一棵树更强大的生命力,来年春天,它会长得更茂盛。"我像你一样,过着挨剐的、受苦的生活,但不灰心,每天忍受野蛮的对待,又重新抬头面向光明。我内心里的温良和柔情,被世人嘲笑,断送个干净。"这是黑塞在第二次世界大战中写下的诗。在战火烽烟中,身为诗人的他坐在阁楼的书桌前,写下了这首小诗,以对抗世道的丑恶,张扬人性的美好。诗的结句很漂亮:"我顶住一切烦恼忧伤,依旧热爱这疯狂的世界。"无论世界是多么混乱,我都会以热恋般的心情爱着它,总是希望大于绝望,这才是真正的坚强。

只有历经沧桑的人,才有资格去看重或者看淡这个世界。就像陶渊明,他做过县官,尝过繁华的滋味,又是贵族的后人,曾祖父是东晋大将陶侃。他知道繁华是怎么回事，做隐士的时候才能心静如水地享受田园生活，他觉得这是最真实的，回归自我的一种生活。而唐朝的长安城外终南山上住着的多是假隐士，把终南山当作进入朝廷做官的捷径。一般人所谓要做隐士逃避世界，都不够格，因为他没有明白归隐到底是怎么回事。没有享受过繁华去归隐，常常是假的归隐。黑塞说的是同样的情景。就像一棵截短的橡树，经历岁月的侵蚀和刀斧的砍伐，然而在受尽了千刀万剐的枝头，又总会长出新的叶子；人生也是一样，顶住一切烦恼忧伤，依然热爱这疯狂的世界。社会流行教育口头禅，动辄跟年轻人说：你们要爱世界、爱人类。这常常是一句空话，因为你的人生太贫乏了，还没有经历什么波澜，没有经历过大挫折也没有品味过狂喜。这个时候我特别想告诉你们的是：你要学会爱自己。你学会了爱自己，才有能力去爱这个世界。

还是那颗头颅

看两位盲人的诗歌。弥尔顿，著有《失乐园》《复乐园》，他活得问心无愧。博尔赫斯，诗人、小说家，被称为"作家中的作家"。"一年到头这废眼珠里再没出现过日月星辰，再没出现过一个男人或一个女人，可我只坚定、忍耐、向前行。没有抗议，没有反对上帝的手或苍天的旨意，也绝对没有让我的希望减少半分，心，退缩一寸。"弥尔顿说，为了捍卫自由，我用力过度导致失明；同样，因为良心，自己虽"瞎，但知足而优游"。为了人类的自由而奋斗，这样瞎了也知足了。当博尔赫斯被任命为阿根廷国家图书馆馆长，面对自己心爱的图书欣喜若狂的时候却瞎了。博尔赫斯邀请弥尔顿赏花，"命运给了我天禀，叫出那朵沉默的花的名字……啊，一个模糊的花园里，朱红、淡黄或纯白的玫瑰……看不见的玫瑰金黄、殷红、象牙白，或者像你手里那朵一样昏黄"。两个盲人谈论玫瑰的颜色，众多对色彩的形容词，是对生命的渴望。玫瑰是对文学的形象比喻。这两位盲人，在文学的玫瑰园，栽种了色彩丰富的美丽的玫瑰献给世人。

> 亲爱的，不，这绝不是空谈：
> 我像一粒子弹似的穿过十年
> 　　被俘的岁月，
> 就任凭在这途程中，我得了病吧，
> 我还是那颗心，还是那颗头颅。
>
> ——希克梅特《还是那颗心，还是那颗头颅》

这是一首特别的情诗。作者是个革命者，曾经被俘入狱十年，出狱之后向爱人表白：我就像一颗子弹一样穿过了这十年被俘的岁月，实际上就是把这十年被俘的岁月给一笔勾销了，我又回到了你的身边，我还是那个我，还是那颗心，还是那颗头颅。子弹比喻强悍不屈，超越所有琐碎的悲喜恩仇，回到本源，我心依旧。

> 我们为什么要想，要说？真好笑。
> 我们的泪我们的吻它们不说话
> 我们却懂得它们，一位友人的
> 脚步比甜蜜的话语还温存。
>
> 人们给星斗洗礼，不用想
> 它们不需要命名，美丽的彗星
> 在夜空出现的次数的数字
> 对它们并没有任何的压力。

而今，我去年的古老哀愁

何处去了？它们只给我留下朦胧的影子。

假如有人来到我的房间问我"怎么啦"，

我要说："让我安静，这没有什么。"

——雅姆《天要下雪了》

　　一到年终，人们习惯于总结当年有什么得失，再做个来年打算，似乎这样才觉得一年没有白过，生活才有意义。诗人这样做的时候，突然产生了反省意识：我煞有介事这样算计，是不是要把我身边的事物全部赶走，我们为什么要想、要说？你想来想去、说来说去老是在找生活的意义，不是很可笑吗？人和人之间，我们的眼泪和亲吻从来不说话，我们有痛苦会哭，喜欢一个人会亲吻，这些都是不用语言来表达的，你也不一定要说得出其中的意义。就好像一个友人的脚步声，比他的甜言蜜语更温存，他来拜访你，友人的思念不在嘴上，而在腿上。还有天上那么多星星，是不是你给它们命名了，它才有意义？是不是人类没有给它们命名，星星就没有存在的意义？我们所谓的说和想，思考意义，完全是人类的一种行为，生活本来就存在，生命本来就存在，这才是最大的幸福。人生不需要意义，而生命自有其价值。我要回过头去珍惜这个本真的幸福。天要下雪了，可能会把一切掩盖，哀愁，也是所谓意义之一，让一切"古老哀愁"消失吧，我只想静静地享受生活，享受生命的幸福。这可能就是人生最终极的意义了。

第十三讲　我的灵魂没有一丝白发

讲授篇目

〔英国〕詹姆斯·汤姆逊《礼物》

〔苏联〕马雅可夫斯基《穿裤子的云》

〔美国〕惠特曼《我自己之歌》

给男人的礼物

给个男人一匹骏马让他能鞭儿飞扬，
给个男人一艘帆船让他能迎风出航；
还给他以身份和财富，力量和健康，
使他在海上无往而不顺当。

给个男子一只烟斗让他能抽得舒爽，
给个男子一本好书让他能细读细赏；
还给他一座平静愉快的明亮住房，
即使那屋子十分破烂和肮脏。

给个男子他能相亲相爱的姑娘，
亲爱的，就像我爱你那样；

> 还给他与命运同脉搏的伟大心肠，
>
> 在家里，在大陆，在海上。
>
> ——詹姆斯·汤姆逊《礼物》

一个男孩成长为一个男人，是人间的一个小小奇迹。这是一个男性诗人向世界索要的礼物，他觉得装备他的一生需要这样一些东西：一匹马，一艘船，这些都是征服世界的工具。要有身份、有财富、有力量、有健康，让他有充足的粮草去征服世界。这个要求高不高？联系现实，这个要求实在太高了。力量和健康主要来自自身，天生拥有尊贵的身份和足够挥霍的财富，那就是"高富帅"了。这些装备很昂贵。男孩子要闯荡世界，这是人类社会对男性角色的基本界定，就像原始社会，男人去户外打猎，女人在家里带孩子养猪……事到如今，男女平等，男孩子忽然都变成宅男了，难道你们指望女孩去征服世界吗？

男人还要什么：要烟斗，要好书。这两者有区别吗？这是物质和精神两方面的需求。要有烟斗是说享受生活，要有好书是说他还想有丰富的精神生活。还要有"一座平静愉快的明亮住房"，注意，这明亮住房，显然不是在贫民窟里，然后，诗人说了句假话，明亮住房怎么可能"十分破烂和肮脏"呢？是说只要房屋足够大，里面不妨脏乱差的意思吧。前面是面对世界，接着是日常生活，然后是他需要的最重要的礼物——一个相亲相爱的姑娘。哪个少年男子不善钟情，哪个妙龄少女不会怀春？这个年龄需要有爱，需要有相爱的姑娘。这是最高级别的礼物，其他的物质的外在的需要都容易得到，而得到一个人，得到一个人的心，是最难的。可以说他向人生索要的礼单中最难得到的就是爱。

"还给他与命运同脉搏的伟大心肠。"什么是"与命运同脉搏"？命运不等于你对人生的设计。命运是天注定的各种不测的东西。就好像骑马的时候，给马系上一根缰绳。你不能信马由缰，脱缰的野马失去方向，你牵动缰绳才可以控制马的走向。如果说命运如野马，缰绳就是你与命运的合作。无论怎样的命运，你都可以坦然接受它，并努力应对它，而不是被命运打败。一个人能够与命运合作，诗人称之为"伟大心肠"。最强悍的典型是贝多芬所谓"扼住命运的咽喉"。他不只是与命运同脉搏，他还想要驾驭命运。

一个男人对世界的要求如此之多，那么，他就要具备更多的能耐去应对这个世界，他不可以做个弱者，不可以做一个只看见自己鼻子底下世界的小男人。世界不会因为你是男的，就给你这些礼物，而是需要你辛苦地去争取，所以作为一个男人，可以拥有更大的世界，但同时要付出更多的辛劳。因为"诗人"向世界索要的"礼物"，不是天赐，全都要靠自己去争取。

穿裤子的云

一个男人一生中最生动的时候就是青春期。因为他所有的欲望都开始萌芽，所有的梦想都准备开花。他的一举一动，都是在莽撞地冲刺，向他未来的人生奔跑。许多男人的一生在二三十岁就已经过完了！因为三十岁以后的男人，往往变成了之前生命的影子，在不断重复他曾经的梦想，曾经的激情，曾经邂逅过的女孩，曾经爱过或思念过的那些故事。三十岁以后他就活在一种重复之中，他不再去创造，不再去更新自己的生命了。如此，有些人在三十岁的时候就"死了"，只是到八十岁的时候才下葬。

一个处在青春期的男孩，还不能说是男人，而是在男孩成为男人的过程中，这时候的你，是最为生动、最为美丽的。

马雅可夫斯基是一位流浪诗人。他是格鲁吉亚人，跑到莫斯科去流浪，睡在街头，混在酒吧，口袋里除了两只拳头，一无所有。浪迹三教九流，感觉自己就像一头奶牛，身上充满了抒情诗的奶汁硬要挤出来，喂养这个世界。写长诗《穿裤子的云》时的马雅可夫斯基，正处于一个男性生命中最为狂放的状态，生命力最为旺盛，梦想最为丰富，情感也非常激烈，他所有的优点和缺点在这个时候都表现出来了。

天上的一朵飘浮的云彩，怎么能穿上裤子呢？云是一个虚无缥缈的东西，裤子是一个实实在在的人的装备。一朵云穿上裤子意味着什么呢？"云"的文学意象，来自法国诗人波德莱尔的散文诗《云》，"云"是流浪汉的形象：无父无母、无上帝无国家、来无影去无踪的流浪汉。无拘无束的"云"穿上裤子，就是一个以"云"为灵魂的人、一个自由的流浪汉。这就是马雅可夫斯基的自画像。这首诗的原题为《第十三名使徒》。耶稣只有十二名使徒，这并不存在的"第十三名使徒"，就是一个异端、反叛者。正因为如此，这首诗在当时不能发表。请看序诗：

> 你们的思想
> 正躺在软化的大脑上做着好梦，
> 好比油污的沙发上躺着个吃胖的奴仆。
> 我却偏用血淋淋的心的红布挑逗它，
> 辛辣地嘲讽，刻薄地挖苦。
>
> 我的灵魂没有一丝白发，
> 也没有老头儿的温情和想入非非。
> 我声如炸雷，震撼世界，
> 我来了——挺拔而俊美，
> 二十二岁。
>
> 粗鲁的人用铜鼓演奏爱情，
> 温柔的人用的是小提琴。

可是你们都不能像我这样，
把自己从里到外翻个过——
把全身都变成嘴唇！

············
我可以变成嗜肉的狂人，
像天空一样变幻，忽晴忽阴；
随你的便吧——
我可以温柔得让你挑不出毛病，
不是男人，而是一朵穿裤子的云！

诗人的想象力和勇气都是惊人的，当时，他们几个小青年，统一穿着黄褂子，组成了一个诗派，叫作未来派，声称：我们是属于未来的，不属于现在，现在的一切都要打倒，普希金应该被扔到大海里去。这首诗有四个章节：一、打倒你们的爱情；二、打倒你们的艺术；三、打倒你们的制度；四、打倒你们的宗教。他要把旧世界砸个稀巴烂，然后创造一个新世界。

对于今天的中国学生而言，这很狂妄，但和"五四"一代、"文革"一代的学生相比就不狂妄了。中国这两代人路径相反：一个是创造，一个是毁灭。真正意义上的青年，就应该有否定一切的勇气，然后还要有再造一个新世界的梦想，这是一个青年的身上最宝贵的品质。如果你连这种念头都没有，那只能说明你已经被彻底驯化了。爱因斯坦曾经感慨：现在的学生，不是一个有独立人格的人，而像实验室里那种训练有素的狗。

诗中的"你们"指的是谁？是当时的芸芸大众，我们今天来看，也可以是指现代人。你们的思想，就像是去势了的奴仆，再也没有生命力了。而我呢，像个斗牛士一样，用讽刺和挖苦的红布挑逗它，让你们活跃起来。"我的灵魂没有一丝白发"，纯属惊天的想象和冲动。我一点都没有衰老，没有退缩，没有妥协，也不会投降。更没有老头儿的温情和想入非非，是没有负担的新生儿。"我声如炸雷，震撼世界，我来了——挺拔而俊美。"这种自画像，我当年读它的时候可是热血沸腾，不知道你们现在读来会怎样？

历史上许许多多的人说过：我来了，我看见了，我做了……"我来了"这种崇高的自我召唤，军事家亚历山大、恺撒有过，哲学家尼采、马克思有过，儒家孟子和司马迁有过，宗教创始人释迦牟尼、耶稣基督也会说"我是为了改变这个世界而来"，仿佛是来自天堂的一种神秘力量的召唤。天降大任于斯人，天生我材必有用，诸如此类，都可以归结为人生最宝贵的青春品质、创造品质。

马雅可夫斯基所为何来？只是一次不成功的恋爱，让他激情澎湃。他说别人用铜鼓和小提琴演奏爱情，你们都不能像我一样，我可以把自己从里到外翻个过——以嘴为中心把自己翻过来，全身都是嘴唇，浑身都在述说爱情。我的情绪就像天空的云彩一样变幻不定。我也可以温柔得让你挑不出毛病。多变正是青春的品质。卡夫卡《变形记》开头：格列高利一觉醒来，发现自己变成了甲壳虫。这种变化是人被异化了。还有一种我想变什么就变什么，谁？孙悟空，他有七十二变。这种渴望变化正是青春的品质。"我的灵魂没有一丝白发"，这是诗人的自我描述，是一个非常自傲、自负、崇高的自我认定。没有白发，只有青春，没有负担，只有创造，表明自己不接受任何陈规陋习，是为了改变世界而来！

整首长诗写得最生动的是对爱情的感觉。诗中的抒情主人公，是个男性诗人，约会的时候女孩迟到了，后果很严重，这个等待中的男孩开始变形："此刻的我谁也认不出：暴着青筋一大堆，在呻吟，在抽搐。"

他在抓狂，并独白：

> 即便我是一尊铜像，
> 即便我的心——生铁铸就，
> 夜间也想把自己的铿锵
> 藏进女性的
> 温柔。

再勇猛的男性，也渴望爱情。哲学家帕斯卡开玩笑说：如果埃及女王克娄巴特拉七世的鼻子再短一分，世界历史就会改写。即使伟大如安东尼和恺撒，也是因为爱情，改变了自己的命运，并影响了帝国的命运。所以我们可以理解诗人的自我解嘲。

女孩没来，男孩用刀谋杀时间，"'最后一点钟'倒下了"，我的神经跑上了大街，"像病人跳下了床"，狂奔乱跑。女孩终于来了，却说要嫁给别人："你是杰克·伦敦，爱情多，钞票少。"恋爱中的青年总是爱情多，钞票少，此事古难全。"可是我只看到：你是蒙娜丽莎，——该偷掉的，真偷掉了。"（达·芬奇的蒙娜丽莎画像曾经失窃）

失恋了，分手了，一个人在最痛苦的时候就回到儿童状态，诗人开始喊妈妈了：妈呀，我的心失了火。于是怨天怨地说粗口——诗人连粗口也说得如此精巧："每个字，喷出他燃烧的口，都像从失火的烟花巷里蹦出个赤条条的妓女。"自己来给自己灭火吧，用自己眼中的泪水来浇灭心中燃烧的爱情废墟。

> 这个灵感附体的笨伯，
> …………
> 踱来踱去，磨起了老茧，

那愚蠢的想象之鱼

在心的泥潭中扭动得多么可怜！

直到用吱喳乱叫的韵脚烧开了锅，

把爱情与夜莺煮成了一锅粥。

　　马雅可夫斯基在骂别人的时候，也会有一些自嘲吧。我不知道一个人是怎样成为诗人的，但多数人写下的第一首诗都是情诗。因为他觉得想说一点高雅情感的时候，散文表达不了，必须用有韵的句子来说，于是开始写诗，诗人的处女作多是情诗，其实多是押韵的欲望而已。就为了表达爱情，多少人做了"灵感附体的笨伯"。因为一场失恋的触发，就想改变整个世界，这样的野心也是不小的。一般人没有那么狂放的想象，达不到这个地步，马雅可夫斯基说出来了，代表了青春的狂妄，用夸张的语言，表达青春期的男性对整个世界的热爱和梦想。

赞美我吧！

我和伟人格格不入。

对过去造成的一切

我都批上："不算数"。

　　过去的一切不算数，就像盘古开天辟地，重新创造世界。王小波也有过同样的想法，他在去世之前给朋友写了一封邮件说：中国要有自由派，就从我辈开始。这是同样的青春精神。诗歌创作的第一原则是形象，再激烈的情感，也要找到合适的形象，才有诗意。看诗人对恋人玛莉娅表白：

你的肉体

我将爱护备至，

正如一个士兵

被战争砍成了残废，

孤苦伶仃，

无家可归，

爱护着他自己唯一的腿。

　　一个残废的士兵对他所仅存的一条腿显然无比珍爱，我深爱你就像这样。这种比喻令人印象深刻。因为爱的渴望，诗人对上帝表达不满：

无所不能的主，你发明了双手，

你又安排了

每人都有一个头，

你为什么想不到：

应该让人们毫无痛苦地

吻呀，吻呀，吻个够？！

　　这真是年轻男性的想象力：上帝发明人的头和双手，就是用来接吻的。说得好！这里体现的不是纵欲，而是博爱，相爱。两个人伸出手相握，可以感受到彼此的体温；用嘴可以说出相爱的话，但也可以用来对人吐唾沫。长诗的结尾，诗人这样对上帝说话：

喂，注意！

老天爷，

请脱帽！

我来了！

一片静默。

宇宙沉睡着，
它在爪子上搁着
爬满星星狗虱的大耳朵。

　　上帝理他了吗？没理他。宇宙沉睡着，就像一条大胖狗，那些星星就在爪子上搁着，这么无聊的世界，不改变怎么行呢？但世界并不因为诗人的呼唤而得到改变，说明抗争才是必经之路。你想想看，一个人因为失恋而产生这么大的能量，这实在是一件很恐怖的事情。

第十四讲　纯洁之美的精灵

讲授篇目

美人之美在何处？

因为这个世界上男性诗人比较多，所以爱情诗大多是男人写给女人的。爱情诗的第一主题就是赞美女人，自古以来男人对女人的基本感受有两点：第一，女人像母亲一样，宽厚伟大，承受着一切的苦难，保持着人类的繁衍生息；第二，她很美，像精灵一样美，又像精灵一样不可捉摸。大约从父系社会之后，女性逐渐变成了审美的对象。

对女性美的描述，自古以来世界各个语种都遵循一个模式：把美人从头到脚赞美个遍，一个个部位去赞扬、膜拜。《诗经》里面，赞美女子有两个关键词，一个是"硕人"，女孩子要长得丰硕，才是一个好劳力，而且易于生养后代。李安的电影《饮食男女》，一个台湾青年在美国留学，找个女孩假扮未婚妻，在机场，他的父母看到那个姑娘，体态婀娜，臀部较大，说了一句：这样子好生孩子。这是中国式的传统审美。另一个关键词是"窈窕"，窈窕淑女，君子好逑。光丰乳肥臀不够，还必须婀娜多姿，这就把实用和审美结合在一起了。

《雅歌》是《圣经·旧约》里的一章，《圣经》居然有情歌存在，代表古希伯来人在公元前二世纪对女性的看法。

> 我的佳偶，你甚美丽，
> 　你甚美丽。
> 你的眼在帕子内
> 　好像鸽子；
> 你的头发如同山羊群，
> 　卧在基列山旁；
> 你的牙齿如新剪毛的
> 　一群母羊，
> 　　洗净上来，
> 个个都是双生，
> 　没有一只丧掉子的；
> …………
> 你的两乳，好像百合花中
> 　吃草的一对小鹿，
> 　就是母鹿双生的。

眼睛像鸽子，很温存，有灵气；头发像羊群，很优雅；牙齿整齐……一样一样说过来，形象具体，却并不色情，跟《诗经·硕人》一样，从头到脚一路赞美过来。这种看起来很幼稚的方式，实际上说明男人对女人的审美非常有耐心。有个笑话说：中国人结婚，一个外国人来参加婚礼，赞美新娘很美。新娘谦虚说：哪里哪里。这个外国人一听，还要说哪里很美吗？就说眼睛很美、鼻子很美……新娘只是谦虚，人家却以为你骄傲呢。很多审美越往高处走，越往现代走，就可能离实用价值越来越远，纯粹得只剩下审美了。比如果尔蒙的《发》，赞美女孩子的头发："西茉纳，有个大神秘在你头发的林里"，然后一系列的铺陈排比，用了一大堆他所知道的香料的名字来赞美女性的头发，不光想象力丰富，博物学知识也够丰富。

当女人成为女巫

现代人对女性的审美渐渐丰富起来，波德莱尔被称为现代派诗歌之祖，在他眼中，美丽的女子同时具有女神和女巫的双重个性。看他的《优美的船》，大街上，一个男人瞥见一个美人，然后心跳加速，目不转睛，呆若木鸡，最后眼睁睁看着女孩走过去。诗人用了两个联想描述男人的心态：其一，他把眼前的美人比喻成一只优美的船在波浪中航行，那么，旁观的男人，他的心里面是不是被这只船撩拨得浪奔浪涌？其二，一个更奇妙的比喻，波德莱尔说话一点儿都不客气，颇具现代人的思维特点：

> 你走动时裙摆下的高贵小腿，
> 猛扇并挑逗隐约的欲火，
> 　　如同两个巫女
> 在深瓮里熬炼黑色春药

高贵是形容品质的，用高贵形容小腿，不用美丽和丑陋这些形容词，显然是要引起人们高度的审美。那女子走动的样子，像巫女熬制春药，激发了旁观者的欲望，这个比喻很恶毒，但很传神，这是一种激发欲望的美，但你不能说这是一首色情诗，它反映了诗人对女性的矛盾态度：一种如女神般遥不可及；另一种是从面前走过就让人心旌摇荡。他另一首《给一位过路的女子》，写出了一种很典型的城市情境——街头的邂逅：

电光闪过……复归黑暗！——美人已去，
你的目光一瞥突然使我复活，
难道我从此只能会你于来世？

远远地走了！晚了！也许是永诀！
我不知你何往，你不知我何去，
啊我可能爱上你，啊你该知悉！

一个美人走来了，我仿佛看见天上闪电闪过，忽然间又归于黑暗，美人走去了，你的目光一瞥，使我突然复活，难道我只能下辈子再碰到你吗？这种就叫一见钟情，如果没对上眼，那叫剃头挑子一头热。这种单方面的爱慕，很多情况下并没有机会表达出来，诗人把这些感觉写出来了。在他的眼中这个穿着丧服的忧伤的女子是美的，在戴望舒的眼中那个雨巷里打着伞像丁香一样的姑娘是美的，你可能会觉得像李娜一样打网球的女孩是美的，这无关紧要。关键是你觉得美，你有一种心理向往，想去结识对方，但是对方已经擦肩而过，没有故事发生，所有的故事只发生在观看者的内心。这种东西你觉得无聊吗？它实际是对生活之美的一种礼赞，生活中随处可见的细碎的东西都可能是美的，你对它充分的认识和赞美，实际上是对生命的一种尊重。它不是无聊的事情。

诗人说：因为我看见了你，我可能会爱上你，这个你应该知道。知道不知道对这个女人有用吗？还是有点儿用的。有些女孩走上街，会比较在意有没有人看她，这就是俗话说的"回头率"，回头率越高，说明长得越吸引人。因此，这一类女子就把自己慢慢地变成了一个美的俘虏，美的奴隶。世界上消费品类最多的就是给女人用的美容品，从衣服到化妆品到各种各样的奢侈品，形成了一个巨大的产业，都是为了美而产生的消费。动物界都是雄性长得比雌性漂亮，而人类似乎相反。因为男人欣赏女人的美，女人为了达成男人的愿望，就不断用各种东西来美化自己，于是强化了这个世界对美人的追捧。

当女人成为纸牌皇后

美人除了天生丽质，可能还有其他的东西。有人稍稍撇开外貌，想看看女人的内在，发表了不同的意见。英国诗人丁尼生，他认为女人不算什么东西。

丁尼生似乎很刻薄，他说女人"这东西"。诗人觉得女人讨厌，并不是嘲笑她的容貌，被一个女孩记恨，那可是男孩子的一件巨大罪过。你不要随意得罪一个女人，否则的话，你会遗憾终身。他的理由是：女人说话，都是老生常谈，中国有个骂人的词"长舌妇"，东家长李家短，无事生非，没事给你挑起事来。她即使不搬弄是非，也喜欢唠叨，话比男孩子多，有一句西方谚语：你最好不要与女孩子吵架，因为说最后一句的总是她。诗人对女人话多讨厌到了什么程度呢？我宁可去听理发师唠叨，那样会让我觉得自己年轻了许多。还有，女人那眼睛老是瞄着邻人的衣裙，喜欢攀比。有个测试：两对男女迎面在街上邂逅，男的看女人，女的看的还是女人。她可能在看对方的长相与衣服，不自觉地比较一下谁漂亮。女性的不可爱主要表现在哪里呢？白开水般的俊。你漂亮美丽，但是美得冰冷，美得没有味道，没有魅力。女性动人的是"灵性"而不只是"外貌"。纸牌上的皇后有什么美丽可言？只是一张脸谱，浅薄、空虚、无聊。女人不要过于注重外在美，而忽略了内在美，极力追求青春常驻，却全然不顾只有心灵的美不会衰老，唯有内在美才是永恒的。

当女人成为女神

对于女性的魅力以及它对苦难人生的神奇功效，普希金有独到心得。普希金是一个大情种，一生中爱过无数的女性，诗中这位凯恩，就是一位很有魅力的女子。他曾经在一个社交场合见到，心生爱慕，当时凯恩是别人的妻子。过了几年，普希金因为写诗，被沙皇政府流放到偏远的地方，陪伴他的只有一位老祖母，一群牛羊，非常荒凉。这时凯恩从莫斯科来了，诗人就写了这首举世闻名的爱情诗《致凯恩》，把女人赞美得天花乱坠，极端地表现出女人、爱情对男人的重要性。

我记得那美丽的一瞬：
在我的面前出现了你，
有如昙花一现的幻影，
有如纯洁之美的精灵。

在绝望的忧愁的折磨中，
在喧闹的虚幻的困扰中，
我的耳边长久地响着你温柔的声音，
我还在睡梦中见到你可爱的面影。

许多年代过去了。狂暴的激情

驱散了往日的梦想，

于是我忘记了你温柔的声音，

还有你那天仙似的面影。

在穷乡僻壤，在囚禁的阴暗生活中，

我的岁月就那样静静地消逝，

没有神性，没有灵感，

没有眼泪，没有生命，也没有爱情。

如今灵魂已开始觉醒：

于是在我的面前又出现了你，

有如昙花一现的幻影，

有如纯洁之美的精灵。

我的心狂喜地跳跃，

为了它，一切又重新苏醒，

有了神性，有了灵感，

有了生命，有了眼泪，也有了爱情。

    第一印象很重要，可能奠定了两个人关系的基本走向。在普希金的心里，他看到的凯恩是两个词：昙花，精灵。昙花一现的美，因为短暂而令人留恋；而纯洁之美的精灵，却不是人间所有的东西。很稀罕的美，留下这么美妙的一瞬的印象。在这样一个穷乡僻壤，了无生气的地方，你就像天使一般降临，本来我已经万念俱灰了，结果你来了，我的灵魂又开始苏醒。我又见到了昙花，我又看见了精灵。我的心狂喜地跳跃，我就好像沙漠玫瑰，给一点水就复苏，我整个人又复活了。有了神性，有了灵感，有了爱情，有了你……什么都有了。本来我活得奄奄一息，结果你一来，我又活过来了，重新有了生命。把女性当作一种神奇力量的象征：如果没有女性，没有心爱的女人，男人的生活会变得非常荒凉、乏味，最后枯干。而因为有了心爱的女人，他的生命重新复活。这是对女性的最高赞美了。在这样的状态下，普希金把这个女人看成了什么呢？用我们中国人的思维来说，她几乎就是一个救苦救难的观世音菩萨。（学生发问：有资料说菩萨是男的！）在印度菩萨的确是男的，但是到了中国呢，在漫长的传说中，大家觉得这么慈爱的一个形象不该是男的，应该是女的才对，也说明我们中国人对女性充满了期待和厚爱。这是中国文化的母性、阴性特征的一个典型例证。重要的变性时间发生在盛唐，你有机会去看敦煌壁画，是唐朝人把观音菩萨的胡须剃掉了，开始出现了女性观音，延续至今。

爱情会给人带来无法言喻的美好，爱情可以让你重新认识这个世界。至于女性是否真有这么大的能量，能够使男人在灵魂上死而复生，这个有待各位自己在生活中去验证，反正普希金说他觉得女性有这个功效，有这种药用价值。

永恒的女性引我们上升

在男性诗人的笔下，女性往往是被赞美的对象，女人身处的痛苦与艰难，可能只有女性自己才知道，所以美国女诗人塞克斯顿，就来赞美自己的子宫，把子宫当作女人的灵魂来赞美，来表达女性在这个社会中的痛点和责任，以此向男权文化挑战。这一点很特别，对于一个成年女性来说，这的确很重要。男性对女性的审美，往往是从外貌开始，而女人希望对方喜欢自己的灵魂。阴差阳错的故事就是这么发生的。

在我们耳熟能详的西方女性名字里面，安娜这个名字，你想到的是什么？是托尔斯泰笔下的《安娜·卡列尼娜》。就像说到林黛玉，你想到的肯定是曹雪芹笔下的那个人，而不是民国初年上海滩的某位名妓。文学中的女性，有一组经典形象，"安娜"是其中之一。说到安娜，你会想到她是狂热追求自己所爱的那种自由女性。安娜本来是一个上流社会的女子，她抛开一切去探究生命中最原始的那种冲动，并且为此卧轨自杀。为爱而死，不是为什么外在的东西而献身，而是为了自己灵魂中最认可的东西而献身。据说女人是为了爱而活着，没有爱，女人的生命就失去光彩。男人可能是为了别的一些东西而活着，如权力、财富、名利等等。在安娜身上，爱就是她生命的全部。诗人把安娜作为一切女人的最美典型，认为一个男人"命中注定的女主人公"就应该是安娜这种女人。对这个安娜，诗人充满了怜惜、赞美和讴歌之意。有一个细节说得很好，补充了托尔斯泰没说过的内容：安娜经历了这一切，"她屈尊对命运一笑"，所有的不幸都被化解，她为了爱而舍得，她遭受命运的打击却能大度宽容，勇敢、美丽的安娜，再变为高贵、慈悲的安娜，这样美丽的女性形象永远留在读者心中。

歌德花了六十年写一部诗剧《浮士德》，描绘人类可以追求的各种美好的东西，结尾是一群人在唱歌，主题就是赞美女性。《神秘的和歌》：

> 一切消逝的
>
> 不过是象征；
>
> 那不美满的
>
> 在这里完成；
>
> 不可言喻的
>
> 在这里实行；
>
> 永恒的女性
>
> 引我们上升。

　　所有的一切追求，最后归结到永恒的女性可以让人类提升到神的境界。美好的女性可以让我们超越凡世，进入一个非凡的境界。这是人类对女性寄托的最美好的愿望，认为在女性身上蕴藏着人类进步的力量，女性身上有一种永恒的美，这种美可能是男人身上所缺乏的。因为有了美好的女性，我们人类才有活下去的意义和价值。

第十五讲　青年男女谁个不善钟情

讲授篇目

〖德国〗歌德《维特与绿蒂》

〖古罗马〗无名氏《对维纳斯的夜祷》

〖俄国〗叶赛宁《波斯抒情》

〖俄国〗伊萨科夫斯基《红莓花儿开》

〖中国〗纪弦《你的名字》

〖智利〗米斯特拉尔《羞愧》

〖印度〗泰戈尔《羞怯》

〖印度〗泰戈尔《园丁集（4首）》

〖意大利〗但丁《我的恋人如此娴雅》

〖英国〗莎士比亚《你跟你明亮的眼睛订了婚》

〖英国〗马韦尔《致羞涩的姑娘》

〖英国〗多恩《跳蚤》

〖德国〗海涅《宣告》

人与人为什么会互相吸引？

　　一个人为什么会对另一个人产生爱的感情，世界上许多文学家、哲学家、科学家孜孜不倦探讨它，却依然是一个未解之谜。爱的产生是人世间最奇妙的事情之一，也是一个人心灵中最美丽的冲动。人类学家的结论是，为了繁衍后代。然而一个简单的事实是：动物有一个发情期，人没有，人的很多的爱和性的活动，与繁衍完全没有关系，基本上纯粹是一种娱乐。还有一种很奇怪的现象：基本上世界上的每一个男人和每一个女人都可能找到对象，并且是彼此有吸引力而结婚的。据科学家的研究，那些长相一般、地位一般、工资收入也一般的人，同样能找到称心的对象，拥有幸福的婚姻。人与人为什么会互相吸引？他们从气味的角度做了一个实验：让几个女孩子把自己穿了一周以上的内衣放在几个瓶子里，让几个男人去嗅它们，看他们喜欢哪一种味道。结果显示：喜欢的味道与自己的基因相差最大，讨厌的味道与自己的基因相似的最多。这意味着还是一种物种的选择作用，跟自己很不相同的人结合在一起产生的后代是优良的。跟自己的基因完全相似，后代可能会智力有缺陷。在当代血亲或近亲是不允许结婚的。在人的本能上，就有那么多开关在那里控制着你，决定你会被某种东西吸引，会排斥某种东西。从这个意义上说，你完全有机会找到你的另一半，因为与你基因不同的人太多了。

少年歌德爱上了表姐，但表姐告诉他，他们不能相爱。歌德为了宣泄爱而不得的情感，写了一本小说《少年维特的烦恼》，出版以后立即成为畅销书。小说的结局是维特没有办法得到女主人公绿蒂的爱，最后穿着黄褂子，在一棵菩提树下举枪自杀了。歌德写小说，把自己解脱了，没想到给读者带来了危害，大概他也知道文学的魅力太大，所以在小说前面写下这首序诗告诫读者，可是偏偏有人不听，看了这个小说以后，许多德国青年模仿维特的行为：一样的穿着，一样的地点，一样的方式，追求与维特一样的结果。天下的痴情男女真是无法理喻。

青年男子谁个不善钟情？

妙龄女人谁个不善怀春？

这是我们人性中的至圣至神；

啊，怎么从此中会有惨痛飞迸？

可爱的读者哟，你哭他，你爱他，

请从非毁之前救起他的名闻；

你看呀，他出穴的精魂正在向你耳语；

请做个堂堂男子哟，不要步我后尘。

——歌德《维特与绿蒂》

钟情与怀春是一个意思，到了一定的年龄，你就开始思念异性了。歌德给了它一个崇高的定义：这种怀春，这种爱恋，实际上是人性中的至圣至神，是我们人性中最美好的、最神圣的东西，千万别鄙视它。我们今天可以在中学课堂理直气壮地谈论爱情，是社会的文明与进步，认可青春期的爱情是一种健康的情感。一个男生爱上一个女生，或一个女生暗恋一个男生，说明身心健康，若你一生中从未爱过任何一个人，那你是不健康的。"青年男子谁个不善钟情？妙龄女人谁个不善怀春？"就是这个意思。

在古罗马，每年四月一日是崇拜爱神维纳斯的节日，这四月一日后来又怎么变成了愚人节，我不是很了解。但是这两个节日混在一起，可能也暗示了一点儿东西，就是爱本身就是一种愚人的行为。一个在恋爱中的人是容易变愚蠢的。话说：一个母亲培养一个儿子花了二十多年，而被一个女孩子毁掉只要二十四小时。爱情有许多机巧谎言，也有一些伟大的誓言，这些东西都有一种愚人的味道，是极端的近于疯狂的一种情感。古罗马留下来的一首诗《对维纳斯的夜祷》，发出伟大的呼唤："愿没有爱过者明天就爱，愿爱过者明天也爱。"古罗马人那种奔放的情调由此可见一斑。让爱神美神眷顾人间，诗人希望让人间充满爱，人也要对世界充满爱与希望：让世界充满爱是从爱一个具体的人开始的，处于青春年华的人，没有固定的爱人也很正常，大家只要心中充满爱意就可以了。

这首诗大约出现在公元二世纪，正是中国的汉朝，儒家的礼教思想开始成为统治国家的核心思想，每个人都处在礼的秩序当中，越位非礼是很严重的罪过。阿Q一下，古罗马人这种情调在我们的诗经时代就有了，比他们早了五百年到一千年，我们那个时候已经浪漫过了，到了汉朝的时候就开始老化了，就开始正襟危坐做人了。史学家对中国的评价，说我们是一个早熟的民族。很多观念，很多玩法，我们自己早玩过了，不屑于再玩。当然永远不会不屑于爱。

制造一个爱人

一个人到了青春期对异性的渴念，有非常强大的震撼力，如果找不到具体的思念对象，你可能还会假设一个人来爱恋。比如说追星、做某人的粉丝，就暗含着爱与寄托。俄国诗人叶赛宁，为了表达青春莫名的爱恋，他就假设了一个波斯姑娘，虚拟抒情。"莎嘉奈啊，莎嘉奈，我的姑娘！也许是因为我来自北方，我想要谈谈那田野的宽广，谈谈那月光下起伏的麦浪。"你可以想象，一个诗人满怀爱意却没有对象抒发时，他便创造一个爱人，这是很美好的情感，它可以滋养你的生命。伊萨科夫斯基的《红莓花儿开》："田野小河边红莓花儿开，有一位少年真使我心爱，可是我不能对他表白，满怀的心腹话儿没法讲出来！"这首诗很能表达一个少女的爱慕之情，她把它藏得像一则谜语，虽然说爱情与咳嗽一样是无法隐瞒的，但不说破有时比说破更美好。藏起来比较符合女性的特点，藏起来就会有许多美的东西在沉淀。快餐文化带来快餐爱情，碰到爱慕的人马上表明，拿到手再说，不在乎天长地久，只在乎今天拥有。这种消费主义的态度是我们现代人的一种生存观。这样就失去了许多的美好，因为暗恋也是一种美。

> 用了世界上最轻最轻的声音，
> 轻轻地唤你的名字每夜每夜。
> …………
> 刻你的名字！
> 刻你的名字在树上。
> 刻你的名字在不凋的生命树上。
> 当这植物长成了参天的古木时，
> 啊啊，多好，多好，
> 你的名字也大起来。
> 大起来了，你的名字。
> 亮起来了，你的名字。
> 于是，轻轻轻轻轻轻地唤你的名字。
>
> ——纪弦《你的名字》

这个男孩显然是爱得"高烧"了。晚上睡不着觉，神叨叨地念着那个女孩的名字，念着念着，他的心里变得明亮起来；念着念着，他的诗情画意也产生了；念着念着，他就感觉到他的人生变得美好起来。当爱上一个人时，轻念他的名字也会有一种魔力。大声喊叫似乎不妥，暗恋之时，满怀爱意却无法说破，于是把它刻在树上，让爱与树一起长大。这种羞涩的恋情，可以使你的青春变得美好。在青春期你的审美观还没有稳定，你会邂逅许许多多你爱慕的对象，一个眼神、一个动作就让你春心荡漾，对象之多，你会怀疑自己是不是有点花痴。青春期的爱就像是天上的云，飘过一山又一山，它不知道会在哪里停下来，不知道自己是一种什么样的形状。所以你不用急，也不用自责，心中有爱本身就是美。

初恋的关键词：羞涩、羞愧、羞怯

一旦进入恋爱的状态，许多心情是很有意思的。智利诗人米斯特拉尔，年轻的时候爱过一个男孩，这个男孩对她用情不专，又爱上了别人。这对她的打击与伤害很大，导致她终身未婚。她把她的爱恋倾注到诗歌和学生身上，写了大量爱情诗来记录她的爱恋。这首诗写她的初恋，看看有了恋情的女生是一种怎样的状态：

> 假如你看着我，我会变得漂亮，
> 就像露水珠滴在小草上。
> ·············
> 我的口形丑陋，我的五音不全，
> 我的膝盖粗糙，我感到难堪。
> 如今你看上了我，来到面前，
> 抚摩自己的躯体，我感到自己可怜。
> ·············
> 夜色茫茫，露珠儿落在草上，
> 你久久地注视着我，深情地倾诉衷肠，
> 等到明天，再到小河旁，
> 你吻过的人儿会变得非常漂亮！
>
> ——米斯特拉尔《羞愧》

当一个女孩爱上一个男孩，便会很在意自己的外貌，女诗人甚至在鸡蛋里挑骨头，对自己的膝盖感到难言的羞愧，她希望自己是一个完美无瑕的人。可是不要紧，"假如你看着我，我会变得漂亮"。我爱你时，你要回应我，我才会变得美丽，这是希望得到对方的包容、宽容、无条件的爱。恋爱中的女性情感多么复杂，正是这种自我感觉羞愧，反而让她更显得可爱。但当一个人不爱你时，你怎么办？看泰戈尔的态度：

如果你不赞成，

那我就不再歌唱。

如果你感到羞怯，

那我就不想再开腔。

——泰戈尔《羞怯》

在求爱的初级阶段，需要表现优雅的绅士风度。如果你爱的人不愿接受你，不要强迫她。虽然说求爱需要胆大，但是过分的胆大会显得鲁莽。爱是美好的，而带着羞意的爱，无论是羞涩、羞愧、羞怯，都是最美好的。当它一旦变成现实，变成了一种习惯，它可能就会发生很多的变化。当然有一些爱是不会变化的。比如说但丁对一个女性的爱就成为文学史上著名的佳话。

美丽的邂逅

话说某一天，年轻的但丁在佛罗伦萨的一座桥头，迎面邂逅了三位女孩，其中一位穿绿色裙子的女孩让他怦然心动。打听到女孩的名字叫贝亚特丽齐，从此以后但丁就疯狂地暗恋着这个女孩。注意，他是暗恋着，带有一种羞涩之情、羞怯之意在爱着。然而他一直没有找到机会，或者说没有鼓起勇气去表白。这个少女不幸早逝了。但丁痛不欲生，若干年以后，他成家了，也有了孩子。但在心中一直对这段没有成功的羞涩之恋念念不已，他为此写了一本诗集《新生》，意图呼唤自己的生命重新开始，内容却是不断地追忆对这个女孩的恋慕之情。到了晚年，但丁用他毕生的智慧写了一部巨著《神曲》，想象自己漫游在天堂、地狱和炼狱，他一生的情人贝亚特丽齐做他的向导。这样一种感天动地的爱情，怎能不让人叹息？

> 我的恋人如此娴雅如此端庄，
> 当她向人行礼问候的时刻，
> 总使人因舌头发颤而沉默，
> 双眼也不敢正对她的目光。
> …………
> 从她樱唇间，似乎在微微散发
> 一种饱含爱情的柔和的灵气，
> 它叩着你的心扉命令道："叹息吧！"

这里，男孩的心情很有意思，当女孩很正常地向他问候，他却觉得舌头发烫说不出话来，不敢看她的眼睛。当那女孩很平常地从街上走过，他觉得她被一片赞美羡慕的眼光包围着，而她自己却一身轻松，一点不像一只骄傲的孔雀。关键是她的眼睛看着他的时候，她散发出来的那种温和，让他既沉醉在其中，又无法开口去表白他的爱慕。然后从她的口中吐出的气息，就好像是对他的心下命令："叹息吧！"这是怎样的一种微妙情境啊！

泰戈尔的大量诗歌，既像是说爱情，又像是说神灵，赞美诗中"你"，既可以是生活中的一个女子，又可以是天上的神灵。我们当爱情诗来看，也不为过。比如《园丁集》第 15 节，说的是一种思春的感觉："我像麝鹿一样在林荫中奔走，为着自己的香气而发狂……"一只为自己的芬芳而发狂的麝鹿在森林中奔走，就是心中充满了爱的感觉又无法表达。第27节写求爱：男孩不断在求爱，女孩一直在拒绝。拒绝的话是用重复的方式来说，求爱的话却花样百出。这说明了一个事实：恋爱中的人突然变得有口才了，他很容易变成一个诗人，满是诗情画意。这也是爱给人生带来的一个变化，会让你自身变得美好。前面说的羞愧，是想让自己变得更美好，而在这里，恋爱实际发生的时候，它的确会让彼此变得更美好，这才是纯真的爱慕。

求爱的花言巧语

我们要美丽的生命不断繁滋，

能这样，美的玫瑰才永不消亡，

既然成熟的东西都不免要谢世，

优美的子孙就应当来承继芬芳；

但是你跟你明亮的眼睛订了婚，

把自身当柴烧，烧出了眼睛的光彩，

这就在丰收的地方造成了饥馑，

你是跟自己作对，教自己受害。

如今你是世界上鲜艳的珍品，

只有你能够替灿烂的春天开路，

你却在自己的花蕾里埋葬了自身，

温柔的怪物呵，用吝啬浪费了全部。

　　可怜这世界吧，世界应得的东西

　　别让你和坟墓吞吃到一无所遗！

——莎士比亚《你跟你明亮的眼睛订了婚》

这是一首死缠烂打的求爱诗。莎士比亚用幽默的语言劝说女子爱他，先使用华丽的辞藻咏叹美的使命必须繁衍，然后说，"你跟你明亮的眼睛订了婚"。希腊传说中，过于自恋的人最后会变成水仙。他说那个女孩只会顾影自怜，这也许说得太过分了，或许女孩只是不爱他罢了，但这感觉表达得很强烈，他的意思是：长得那么美却不爱别人，这是对地球资源的浪费。比较赖皮，却不无哲理。这种花言巧语就是一种诱惑和强逼。男孩子是不是会从中学到一点技巧呢，女孩子也可以从中产生一些免疫力。

> 我要用一百年来把你的美目赞美，
> 用一百年来把你的前额歌唱。
> 我要用二百年来欣赏你的一个乳房，
> 用三万年来欣赏别的地方。
> 爱慕你的每一个地方都要花上一个时代，
> 一直到最后一个时代才进入你的心房。
> 小姐，你配得上这种殊荣，
> 我岂能自贬身价过早如愿以偿。
>
> ——马韦尔《致羞涩的姑娘》

马韦尔想说的是什么意思呢，就是爱情不能等待，有了爱情就要相爱。如果你说慢一点，等以后再说，那么，我不是做不到，我可以做到的。我欣赏你的身体的每一个地方都可以用几个世纪，可是那样我们都要进坟墓了，没有时间恋爱了。夸张到极致，荒谬感诞生了。

> 只需看这跳蚤就能知道，
> 我被你拒绝的事有多么渺小；

它先叮了我，眼下叮了你，

于是我俩的血混在这跳蚤里；

住手，饶这跳蚤的三条命；

凭了它，我们比结过了婚还亲；

这跳蚤不仅就是我们俩，

还是容我们成婚的圣殿和床；

我们虽遭遇你父母和你反对

仍在这活生生黑玉围墙中幽会。

虽说凭习惯你会杀死我，

请别犯一杀三个的三重罪过——

这无异是你自杀和亵渎圣所。

——多恩《跳蚤》

　　求爱诗，说得最聪明又最不可理喻的要数多恩的《跳蚤》。这不仅是花言巧语，还是奇谈怪论，简直是胡搅蛮缠。那跳蚤叮了我以后又叮了你，我们俩的血已经结合了，所以你拒绝我没有意义。我们早已成为一体了。这虽有些荒谬，但也有些可爱，用奇特的概念偷换，以俏皮的语言，开启了滑稽的求爱模式。看来，求爱没有想象力不行啊。其实世界上的所有求爱的话都是胡说八道，但胡说得十分巧妙。恋爱中的花言巧语不胜枚举，有人呢，喜欢用这种机智的方式来说，有的人愿意直接地表白，海涅的感情比较充沛，和普希金有点类似。他曾经爱上一个姑娘——阿格内丝，于是——

我用强大的手，从挪威的树林里，

拔下最高的枞树，

把它插入爱特纳的火山口，

用这样蘸着烈火的笔头

写在黑暗的天顶：

"阿格内丝，我爱你！"

——海涅《宣告》

　　这么疯狂也是不可理喻的，然而却是可爱的。恋爱中一切傻的行为都是可爱的。当你不愿意为爱做一点傻事的时候，你可能也就不再会拥有纯真的爱了。这是浪漫派爱情，诗人走在海滩上遐想，把天空当成示爱的写字板，非常浪漫。如今，浪漫派文学消亡了，但是恋爱中的浪漫似乎越演越烈，比如：有歌唱道"九百九十九朵玫瑰"，有人结婚时用飞机从空中抛撒玫瑰。今天玩浪漫费用不低，一般人玩不起。推荐大家价廉物美的浪漫法 —— 写情诗。

第十六讲　爱情地理学

一个吻让世界变形

距离会产生美。这是"爱情地理学"——相爱的距离。

它首先表现在"相思比相处美"。相思是古人的专利，古代爱情诗大部分是写相思之情。例如《蒹葭》中的"所谓伊人，在水一方"，《迢迢牵牛星》中的"盈盈一水间，脉脉不得语"，王维的"红豆生南国"，《锦瑟》中的"此情可待成追忆，只是当时已惘然"，等等。相思很美，而相爱的冲动是千方百计跨越距离，零距离接触。在恋爱中，地理学概念会发生奇妙的变化，这些变化超出我们日常生活的常规理念。仿佛一下子世界变大了，距离缩小了，或者变形了。处于恋爱中的人，对距离的感觉，与众不同。

> 一千年一万年
> 也难以
> 诉说尽
> 这瞬间的永恒
> 你吻了我
> 我吻了你
> 在冬日朦胧的清晨
> 清晨在蒙苏利公园
> 公园在巴黎
> 巴黎是地上一座城
> 地球是天上一颗星

——普列维尔《公园里》

两个相爱的人初次接吻了，于是世界变形了。首先是时间上，一千年一万年也说不尽这瞬间的永恒。千万年是漫长的时间长河，而这一瞬间，是一个可以永远存留下来的时刻。时间发生了变异。后面的话有点奇怪：距离的概念变得越来越大，公园—巴黎—地球—天上。为什么会产生这样一种联想呢？在漫长的时间长河中，这一刻对他的人生来说具有最重要的意义，具有永恒的价值。他要记录这一刻，显然就要交代清楚当时的情景：故事发生在一个早晨，冬日朦胧的清晨的公园。为什么要从公园跑出地球去呢？他当时的基本情感应该是无限的幸福。他的个人感觉在膨胀。这个公园是装不下他的幸福感的，公园不行，巴黎不行，地球也不行，幸福弥漫在宇宙之中。这显然是以一种夸张的方式来表现自己无限幸福的感觉，这种感觉使距离发生变化，世界随之变形。

现在的人说一句"我爱你"已不是难事了。人们甚至可以抱着小猫小狗说"我爱你"。这句话已经没有了激情、没有了庄重，早已在人们的生活中成了习惯，成了类似"你吃了吗"一般的问候语。但普列维尔的《公园里》这首诗却宣示了爱的盛大礼仪。相爱的人第一次接吻，意味着什么？"一万年也难以诉说尽"一个吻的含义，这是无限的时间。在巴黎的公园，你吻了我，我吻了你。诗的结构如沙漏，时空急剧变幻。从"公园"扩展到星球、宇宙，这是无限的空间。而在无边无际的时空中心，是一个爱的吻。这是对爱的最高赞美！

爱有这么重要吗？对于一个人来说，爱在生命中可能就有这么重要。而初吻，是爱的突破，是爱的朦胧在风吹雨露中散去，变得明朗的过程，是爱的全新的乐章。这样一个动作，能不重要吗？

相思的距离有多长？

如果你能在秋季来到，

我会用掸子把夏季掸掉，

一半轻蔑，一半含笑，

像管家妇把苍蝇赶跑。

如果一年后能够见你，

我将把月份缠绕成团——

分别存放在不同的抽屉，

免得，混淆了日期——

——狄金森《如果你能在秋季来到》

诗人用一种滑稽的写作手法表现了相思之情。诗中的狄金森好像物理学界的爱因斯坦一样。她可以改变时空，至少她可以发现时间的真理。时间对一个人意味着什么呢？是组成你生命的材料。你痛苦就希望这个时间快点过去，你喜悦则希望时间过得慢点儿。什么时间最难熬？等待，尤其是恋人之间的等待——相思。中国人最善于表达这种含蓄的美。狄金森却用了很干脆的西方女孩的手法来处理时间，为缩短等待的时间，她把夏季捍掉，把一年的月份放进抽屉，把几个世纪用手指算计掉，把生命像果皮一样抛弃，直奔生命结束的聚会时刻。这是一种西方女孩子的干脆，对爱情直率热烈的宣言。整首诗的意思就是我要明白你是不是会来见我。一季、一年、几十年、一生我都可以等待。关键是我无法确知你是否会来。言下之意就是，无法确知你是否爱我。这就是最痛苦的相思——单相思。在这种情况下，每个日子就像一根毒刺一样地刺着她，很难受，所以要发挥奇思妙想处理掉所有不明朗的时间。

中国人对时间持一种包容的态度，珍惜相思的一刻，又爱惜相守的漫长。不用这么简单的算术去计量感情。相思几乎是中国诗人的专利。东方人最擅长的是玩这种暧昧的情感游戏，相思，是在相逢之前最享受的一段暧昧的人生旅程，也是人生中最美好的一段时光。心有灵犀两心相通，只要有这状态存在，银河也不是距离。

俄罗斯人的感情比较接近中国人的。在苏联卫国战争时，曾有一首流行诗歌。这是战士的心声，他们可能没有机会回来，可是仍然呼唤着爱人耐心等待。

等着我吧——我会回来的：
死神一次次被我击败！……
只有你我两个人将会明白——
全因为同别人不一样，
你善于苦苦等待。

——西蒙诺夫《等着我吧……》

这首诗把相思与相守结合在一起。守望的坚贞，很美，是相思的核心。暗恋是一个人日思夜想、一日三秋的单相思，而恋爱中的情侣因为某种原因暂时不能在一起，则是相互守望、等待，这是守望之美。诗人带着怜香惜玉之情，设想对方在等待自己的时候那种凄凉与痛苦。然后用祈求的语气，希望自己的女人与众不同，相信等待会有结果，相信爱的力量，在战争中，这种力量会战胜死亡的厄运，最终，就因为你善于等待，你把我从死神手中拯救出来。诗人赋予爱情怎样的力量啊！可以起死回生，可以超越死亡，只因为你等着我，我就有活着回去的勇气。一个没有希望的士兵很难打胜仗。战场上的诗人相信，勇于守望的爱情，具有超越生死界线的力量。现实的结局是：献诗的对象 B.C. 并没有等待，而诗人活着回来了。

相爱，就是回乡

你可知道，那柠檬花开的地方？
黯绿的密叶中映着橘橙金黄，
骀荡的和风起自蔚蓝的天上，
还有那长春幽静和月桂轩昂——
你可知道吗？
　　那方啊，就是那方，
我心爱的人儿，我要与你同往！

　　　　　　　　——歌德《迷娘歌》

相爱，就是回乡吧？两个相爱的人，牵手走向心灵的故乡，那里，是我们心安的栖居之所，那里，是个柠檬花开的地方。

　　两个相爱的人为什么都想避开人世去一个幽静的地方一起生活？两个人结婚，为什么一定要买新房？因为这是一种仪式，安放新生命的地方。反映在诗歌里，就是一个柠檬花开的美丽的地方。

　　《迷娘歌》是歌德的成长教育小说《威廉·迈斯特的学习时代》的插曲。女性看男性，可以是小男孩、师长、父亲；男性看女性，可以是妹妹、朋友、母亲。如果恋人总是扮演着高傲小姐的角色或者是天真无邪的小男孩角色，两个人就难以长期相处。这首诗以女孩的口吻，约爱人去柠檬花开的地方，在迷娘眼中美好的地方，却不是眼前的地方。《邀游》用男孩的口吻，邀约情人去一个很美的地方，似乎与世隔绝，如桃花源，其中的幸福与乐趣又似伊甸园。

　　　那儿，只有美和秩序，
　　　只有豪华、宁静、乐趣。

　　为什么相爱的人心中总会有这么一个"柠檬花开的地方"？这是一种象征，美好的环境衬托出你对生活的美好追求。人间最美的风景，适合安放最美好的爱情。心中认定爱情圣洁，爱情需要净土，不可玷污。然而，没有人能够避开尘世，怎么办？

　　这是"爱情地理学"所表现的"彼岸比此间美"。彼岸，更多的是一个心理空间，觉得"彼岸比此间美"，会导致这样的结果：觉得眼前的世界太污秽，有人因此会去创造更好的世界，因为爱而想让世界变得更美。人与世界在爱中相遇，是一种美好状态，人有了爱情、有了柔情，就有了力量和激情，要捍卫这份爱，在彼岸的召唤下，你可以从此岸出发，让自己更美，也让所生活的世界更美。没有达到这种境界，只是凡夫俗子的爱，是卑微而琐碎的。因为有了爱，你想让自己变得很美好，你想让这个世界来分享你的美好，甚至让这个世界变得更美好，这就是爱的本意。在跟许广平的《两地书》中，鲁迅说过这样的话：因为有了你的爱，我愿意为这个世界多做一点事情。

　　当相爱的人进入婚姻的殿堂，对彼岸的向往变成了此间的现实，身体的距离近了，心理的距离为什么反而更遥远了呢？人性是复杂的，人性的劣根性是不珍惜，人心多变而不耐久。难道爱情也有使用期限、保鲜期？人们痴痴地相爱，让爱情变得长久，这需要智慧，需要独立与创造。婚后之爱，两个人不是合二为一。两条铁轨并在一处，爱的专列就无法前行，人的本性是不喜欢与自己相同的东西。各自独立的人格才可以不断创造生活，有新的动力。婚姻，是"爱情地理学"新的一章。

第十七讲　灵魂选择自己的伴侣

讲授篇目

〖德国〗海涅《一棵松树在北方》

〖美国〗狄金森《灵魂选择自己的伴侣》

〖英国〗勃朗宁夫人《如果你定要爱我》

〖英国〗勃朗宁夫人《请再说一遍："我爱你！"》

〖匈牙利〗裴多菲《我愿意是急流》

〖智利〗聂鲁达《你的微笑》

人之爱

　　人海茫茫，为什么你会跟这个人相爱，为什么你愿意把一辈子托付给他？这个动力来自何处？据科学家说，我们爱上一个人是因为一种化学元素多巴胺的作用，你要是爱上了一个人，其实你爱的不是他，而是你的多巴胺习惯了他的存在，让你对他上瘾了。如果把这种元素减少一点，这个人就失去了爱的能量。如果只是大脑后丘的某种小小物质引发你人生中最持久、最强烈的情感追求，人何以堪？把爱定义为纯生理需求，科学家未免太自负了。人之爱，更多的是一种心灵的渴求。

　　人是群居生物，我们需要男欢女爱，也需要亲人之爱、朋友之爱、家国之爱，一个人总是想把自己安放到喜欢的环境和群体中，让自己活得心安理得。中国人看待世界的基本方式是：世界由阴阳两种物质构成，包括人体，前面是阳，背面是阴，阴阳之间相互依存、相互融合。人之爱，就是宇宙和谐的一个小小缩影。阴阳和谐、阴阳协调才是世界常态。

> 一棵松树在北方，
> 孤单单竖立在枯山上，
> 冰雪的白被把它包围，
> 它沉沉入睡。
>
> 它梦见一棵棕榈树，
> 远远地在东方的国土，
> 孤单单在火热的岩石上，
> 它默默悲伤。
>
> ——海涅《一棵松树在北方》

这是一棵在北方被冰雪包围的松树和一棵在南方火热的岩石上的棕榈树之间的爱情。没有理性可言，是常见的隐喻象征的手法。一个梦境，让自然万物建立了相互联系的网络。海涅可能不懂中国哲学，虽然他很喜欢中国文化，按照阴阳思维来理解，一棵冻僵的松树梦见一棵火热的棕榈树，这是正常的需求，就好像饥饿的人渴望面包一样。两种事物会因为某种因素发生联系，最强烈的联系就是爱的吸引力。海涅似乎想说，世间万物都存在这种吸引力。

噢，你也在这里吗？

灵魂选择自己的伴侣，

然后，把门紧闭——

她神圣的决定——

再不容干预——

发现车辇，停在，她低矮的门前——

不为所动——

一位皇帝，跪在她的席垫——

不为所动——

我知道她，从人口众多的整个民族——

选中了一个——

从此，封闭关心的阀门——

像一块石头——

——狄金森《灵魂选择自己的伴侣》

一个人对待爱的态度和行为，表达了他对这个世界的最基本的看法。千百年来人们都在歌颂爱的美好，千百年来有更多的人把爱变成了一件庸俗的事情，把爱偷换为商品、降格为性，爱与人都成为消费品。初恋也未必就是纯洁的，或许，它只不过是你漫长人生中第一次发情而已。这个发情如何变成爱，有一个神秘的过程。这个过程如果对你有意义，它就是美好的。如果没有意思，你没有意识到，就变成一种自我煎熬。而这种状态将贯穿你的一生。

关于爱的众多解释里面，我认可美国诗人狄金森的简洁说法：灵魂在选择自己的伴侣。张爱玲用散文《爱》描述了这种灵魂邂逅的状态：

于千万人之中遇到你所要遇到的人，于千万年之中，时间的无涯的荒野中，没有早一步，也没有晚一步，刚巧赶上了，那也没有别的话好说，唯有轻轻地问一声："噢，你也在这里吗？"

首先，每个人都是根据自身的特点来选择匹配的一方。其次，根据什么来选择？外在的条件是个可变项，比较稳定的是对方的心灵状态，包括他的思想品质、价值观、个性，他的审美趣味，他做人做事的基本方式，都是他灵魂的表现。你只能选择与你的灵魂最为契合的那个人。两个人邂逅的过程，就是互相发生物理化学变化和心灵变化的过程。你可能因为自己的膝盖粗糙而感到羞涩，你想着女为知己者容，男孩开始风度翩翩。爱变成一种催化剂，让你充满力量，让你长出翅膀，让你愿意去追求梦想。

一个灵魂寻找到了另一个可爱的灵魂，这就是爱的最美好的状态。人都想找到另一个人好好相爱，但是从来不敢轻易确认这个人到底是谁。灵魂需要选择自己的伴侣，灵魂必须有另一个灵魂作为伴侣，灵魂很难撞见另一个可以为伴的灵魂，因而灵魂总是在寻找自己的伴侣。

狄金森是一个奇特的女子，她一生都没离开过自己所居住的小镇，据说她爱上了一个牧师，但有情人没有终成眷属，她写了许多诗，用她的一生来怀念他，这就是人超越于动物的地方：心灵的结合。有了这个茫茫人海中选中的唯一，她将心灵封闭，如石头般，从此拒绝诱惑，即使国王的求爱也无法令其动摇。她用一生来见证了这段一锤定音的爱情。孤身终老，毫不苟且。这是一种忠贞的古典的爱情。

爱情的减法

为爱情而爱吧，如果你定要爱我，

让你的爱不要为了什么！

不要说："我爱她美貌出众，

我爱她温柔的语调和笑容；

因为她的癖好和我的一样，

它会教日子过得愉快和安详！"

亲爱的，由于这一切都可以改变，

为了这一切的爱也会时过情迁。

也不要用你的怜悯擦干她的泪花，

把你的情意恩赐给她；

对你的安慰她可以长记心怀，

也许忘记哭泣，却因此失去你的爱！

为了爱能像永恒的山河，

求你只为爱情而爱我！

——勃朗宁夫人《如果你定要爱我》

勃朗宁夫人原名伊丽莎白，她在 15 岁时因骑马而摔断了脊椎，不能站立的她便躺在床上写诗，在 30 多岁的时候陆续发表，一个叫罗伯特·勃朗宁的 26 岁的诗人，爱上了她的诗，便去拜访了她，进而爱上这个人。于是奇迹诞生了，他们在一起两年后，勃朗宁夫人竟然可以与正常人一样下床走路了，病床上的伊丽莎白也变成了诗坛上著名的勃朗宁夫人，他们爱的结晶是《葡萄牙十四行诗集》。这是爱与诗的力量。这个故事成为西方文学史上的一段佳话。

什么叫"只为爱情而爱我"？整首诗采用反向思维，运用排除法，排除了一切爱的外在的条件，剩下的就是爱情。爱情能够测试出一个人人性的深度和广度，其他的外在因素功率不够。爱是一个人生命中最极致的渴望，牵涉到与另一个灵魂的配合，欲求最强而最难满足，一般人受不了其强烈刺激，转而追求更容易获得的其他替代物：安全感、性、权势地位、名利等等。世人多在退而求其次地活着。

你愿意是什么？

请说了一遍再向我说一遍，

　　说"我爱你！"即使那样重复了又重复

　　你要把它看成一支"布谷鸟的歌曲"；

……说你爱我吧，重复地敲着银钟！

　　只是记着，还得用灵魂爱我，在默默里。

　　　　——勃朗宁夫人《请再说一遍："我爱你！"》

有人说，男人用眼睛来恋爱，因为他们迷恋美色；女人用耳朵来恋爱，因为她们喜欢甜言蜜语。勃朗宁夫人也喜欢甜言蜜语，然而她说："还得用灵魂来爱我，在默默里。"有人说：爱是一种艺术。一个人情绪低落的时候，来自对方的爱的表达是给你支撑的一种力量，而即使在没事发生的日子里，这种爱的表达也会给你一点温暖。不断地说"我爱你"，表达自己的爱意，就像黑暗中的烛光，温暖、保护爱人，而用灵魂来爱，那是真心、真诚的感情。

我愿意是废墟，

在峻峭的山岩上，

这静默的毁灭

并不使我懊丧……

只要我的爱人

是青青的常春藤，

沿着我荒凉的额，

亲密地攀援上升。

　　　　——裴多菲《我愿意是急流》

这首诗是男子汉的爱情宣言。男子汉要顶天立地，为女性撑起一片天空。诗中的男性是强大的包容的安慰的力量，一种开疆拓土的力量。而女性是快乐的依恋的温柔的状态。中国女诗人舒婷写了一首《致橡树》，故意跟裴多菲唱反调。她说：我不希望你像一棵大树，而我像凌霄花攀缘在你的身上，我希望我们俩的关系像两棵树一样，并排而立，共担风雨。从现实来看舒婷说的百分之百正确。但从诗意上来说，如果一个男孩子对一个女孩子说：我愿意是急流，希望你是河里的小鱼，他是在向你许诺要给你一种安全的、美的生活；他愿意承担生活中的一切打击挫折来保护你，让你快乐。多可爱啊。我觉得哪个男孩敢这样说，他实在是很高尚的，如果他也做得到的话。

别把你的微笑拿掉

你需要的话，可以拿走我的面包，
可以拿走我的空气，可是
别把你的微笑拿掉。

这朵玫瑰你别动它，
…………
你可以不给我面包、空气、
光亮和春天，
但是，你必须给我微笑，
不然，我只能立即长眠。

——聂鲁达《你的微笑》

聂鲁达说，可爱的女人一定是常常微笑着的。微笑，不仅是肌肉的抽动，还是心灵在开花，因为心中有爱，脸上才会有笑。微笑是最美的表情，代表个性的美好和行为的优雅。

面包和空气，是生命的必需品；而微笑，是心灵的必需品。拿走了微笑就没有活的希望。我在艰苦的斗争中想到你的微笑，就会觉得这个世界并没有天翻地覆，这个世界还是那个美好的世界。因为你的微笑是对生活最好的肯定。在我面对敌人的时候，你的微笑可以变为我手里的尖刀，因为你带给我勇气去战胜敌人。在和平的日子里，你的微笑，就像是漫山遍野的花朵，让我感觉到世界如此美好。你的微笑是在向一切黑暗的东西挑战，向一切无趣的东西挑战，也是在向我的笨拙挑战，让我变得生动一些、可爱一些。你的微笑就是幸福生活的保证。这个怎么可以没有呢？

北京奥运会开幕式，五万张笑脸，张艺谋的这个选择很英明。因为人类最美丽的表情就是微笑，它表示一种坦诚。我很不喜欢表情麻木的考100分的学生，他可以学得很好，但他也许并不快乐。微笑对一个人的生活意味着什么？它首先是对无聊的挑战，所有的无聊你都可以一笑了之，多厉害啊。尤其在对方无聊的时候，你不觉得无聊，所有的无聊的东西你都可以一笑了之，这多可爱啊！你的微笑是可以带给人希望的。你的微笑不是对生活的一种抛弃，反而是对生活的一种肯定。它以一种带着希望的方式来认定你的生活，所以常常微笑的人让生活充满了希望。即使你不会笑、不习惯笑，我也建议你对着镜子去训练，在你这个年龄还是有机会经常微笑的。对谁微笑？对世界微笑。

愿一个微笑的你，邂逅一个微笑的他，愿你们携手走过微笑的人生。

第十八讲　爱情下课

讲授篇目

〖英国〗罗伯特·勃朗宁《晨别》

〖英国〗里却德·腊吾勒斯《出阵前告别鲁加斯达》

〖匈牙利〗裴多菲《自由与爱情》

〖西班牙〗希梅内斯《忆少年》

〖美国〗庞德《给尤诺约的情歌》

〖英国〗拜伦《好吧，我们不再一起漫游》

〖芬兰〗瑟德格兰《白天在冷却……》

〖英国〗埃·达干《恋歌：我的爱》

〖法国〗普列维尔《全都为了你》

〖美国〗琼森《我要在你爱我的时候死去》

〖法国〗阿波利内尔《蜜腊波桥》

〖苏联〗阿赫玛杜林娜《不必为我浪费时间》

〖俄国〗普希金《我曾经爱过你》

〖爱尔兰〗叶芝《当你老了》

〖圣卢西亚〗沃尔柯特《爱之后的爱》

放聪明些：把世界还给我

今天说一个让人黯然神伤的话题：失恋。爱情也会有歇息的时候，曾有过的如火热情为何消失了呢？这是爱情中的第二大谜。（第一大谜是一个人为何会爱上另一个人）

> 绕过岬，大海突然来迎接，
>
> 太阳从山顶上透出来注目：
>
> 他面前是一条笔直的黄金路，
>
> 我面前是需要男人的世界。
>
> ——罗伯特·勃朗宁《晨别》

罗伯特·勃朗宁，他的爱人就是诗人"勃朗宁夫人"。这是诗人与爱人一夜幽会之后告别，走在路上，脱口而出的一首诗，短短4句，有很丰富的信息：一个男子走过海岬，突然看见一片大海。那么在黎明之前，他在干什么？诗题是《晨别》，也许在爱人的怀抱里，刚刚获得了爱情的满足。此刻，大海迎面而来，海阔凭鱼跃，天高任鸟飞，太阳注目，凝视着你，把你一个凡人塑造成一座金身，面前是一条笔直的黄金路。注意"黄金路"，意思是他往前闯荡，是能够博取财富和功名的一条路。结句判断："我面前是需要男人的世界"，这话说得多男人啊！这世界需要男人，需要男人去征服她。一个野心勃勃的乐观主义者，写下了男人在爱情得到满足之后的心理，世界躺在前面等着他去征服。现在，他要征服的不是爱情，而是整个世界。马雅可夫斯基曾说过：整个大地躺下来像一个女人，等着别人去爱。而一个征服世界的男人就是这样一个形象，走在太阳底下，迎着大海，走进自己的荣耀之中。

求爱的时候，爱是第一位的；获得爱情之后，爱降格为众多需求之一，无数的参照物蜂拥而至，让爱不断退位。这是男人的心理。

比如荣誉和功名："爱，请不要说我无情，我离开了你的胸心，像修道院般的纯洁和平，而要飞向战阵。……亲爱的，我就不配真爱你了，如果我不更爱我的荣名。"（《出阵前告别鲁加斯达》）诗人说，荣名高于一切。多少"热血男儿"将荣誉看得高于爱情，这些堂皇的理由女性也坦然欣赏。女性一般不会欣赏宅男吧，窝在家里好像没出息。她们甚至会把男人赶出家门到外面去扬名立万。如此，男人把荣誉看得高于爱情，也不全是男人的错，还有一部分是女人的期望。

生命诚可贵，爱情价更高；

若为自由故，两者皆可抛！

——裴多菲《自由与爱情》

这里有一个简单的算式：生命、爱情、自由，三者比较，最重要的是自由，其次是爱情，最后是生命。在没有自由的环境里，人活得不像人，根本不可能去养活爱情，生命只是苟活，所以自由是人的第一天性，没有自由，其他一切都免谈。然后，因为有了爱情生命才宝贵，一个人活了一辈子，如果没有爱，他的生命就是干枯的。因而这个算式有它的合理性。

结束爱的理由千奇百怪，但有一个普遍模式：自古以来都是男人在出走。男人总想拥有一个世界，而女人一般只想拥有这个男人。男人要出去捕获猎物，而女人则在家中守望。出走多是为了谋生，如走西口、闯关东等，也有心理因素，有一个少年这样说："只因这山间的寂静，像尸衣般地裹胁着我，生命像已经死去。"（希梅内斯《忆少年》）有点像歌曲《红河谷》：有人说你就要离开村庄，告别你心爱的姑娘……少年离开故乡到遥远的地方闯荡生活，爱情前程未卜。这是自古以来人们的生活方式，今天的中国进城务工人员还在演绎这样的故事。

> 放聪明些：
> 把世界还给我，
> 让我去寻找冒险。
>
> ··········
>
> 让你的船下水，
> 重新把我让给暴风雨。
>
> ——庞德《给尤诺约的情歌》

法国有句谚语：婚姻像一座城，城外的人总想冲进去，而城里的人总想着逃出来。这一位肯定是来到城门口了，忽然间恐慌了，这话很有意思："放聪明些：把世界还给我。"言下之意，如果我只拥有你便会失去整个世界。"让你的船下水，重新把我让给暴风雨。"我要重回人类的斗兽场，而不是沉醉在温柔乡里。两个人相爱到一定的程度会让人迷失，陷入温柔乡，忘却整个世界。"儿女情长"所对应的是"英雄志短"。男人一般不会以爱情为生活的目标，相反，女人则认为有了爱就有了一切。他还透露了一个很重要的信息：男人对婚姻的恐惧。进入婚姻以后，他的世界就变小了，他可能会被爱人束缚，失去自由。这不是男人的自私，是一种本能的恐惧。他觉得婚姻是一个愚蠢的选择，要对方聪明点，用已婚生活的种种无聊愚蠢来恐吓对方，你想过这样的日子吗？你这么美，这么漂亮的眼睛，你怎么能过这样的日子？你还是把我还给世界，把我还给暴风雨。我还要去世上拼杀，还要回到人间的野生动物园去。这是很有现代感的一种心理。

爱情也得有歇息的时候

因为利剑能够磨破剑鞘，

灵魂也把胸膛磨得够受，

这颗心呵，它得停下来呼吸，

爱情也有歇息的时候。

——拜伦《好吧，我们不再一起漫游》

热恋中的人会在什么情况下变得冷漠？浪子拜伦，一生风流多情、爱人无数。把爱情当作盐水，口渴了就喝一点，却越喝越渴。恋爱饱和之后，突然感到厌倦，浪漫派自己刹车了：我们不要再在月光底下玩浪漫了，虽说恋爱玩的就是心跳，可是跳得太剧烈、太频繁，会像利剑把剑鞘磨破。浪漫派诗人，每次爱情的到来都是轰轰烈烈，从不间断的一次次热恋，终于筋疲力尽了。该停下来呼吸，平静下来，发出"爱情也有歇息的时候"的叹息。就像大海的涨潮落潮，人的情感生活也是如此，不能一生都在热恋。许多女人结婚以后跟丈夫说，你怎么不像以前一样对我呢？就是这样一种错觉。

下面看看女性的观点。瑟德格兰是一位芬兰女诗人，家境贫困，为了写作，她必须卖掉自己比较好一点的衣服，去换取纸张笔墨。十几岁就得了肺病，治不好，后来好不容易跟一个人结婚了，又发现没有爱，她的诗充满悲凄情调，对生命有更深刻的反思，她发现，女人和男人对爱的感觉完全不是一回事。

请从我的手上啜饮温暖，

我的手有春天的血液。

…………

我那清脆的少女的笑声在哪里？

我那高昂着头颅的女人的自由在哪里？

…………

你寻找花朵，

却找到了果实；

你寻找泉水，

却找到了大海；

你寻找女人，

却找到了灵魂——

你失望了。

——瑟德格兰《白天在冷却……》

当一个少女变成妇人，一路伴随无数的诧异。诗人告诉新婚的丈夫，我有春天般的生气。但很快就发现，当男人得到了女人，就成了爱的主宰，当初鲜艳的爱的玫瑰开始枯萎，娇媚的少女也被视作平庸的少妇。曾经那么美、那么高傲的公主一般的女孩，那些天真无邪的笑声和眼神都到哪儿去了呢？一进入婚姻，这些让女性引以为傲的东西，这些促使女孩每天不断照镜子的东西都跑哪儿去了呢？许多婚姻是出于误解而结合，恋爱时被掩饰的缺陷，在婚后才显露出狰狞的面目。"你寻找女人，却找到了灵魂——你失望了"，这个结论很恐怖，丈夫没把她当作一个人格独立的人，平庸的男子，根本无法消受一个"仙子"般的女性，他不懂得欣赏女性的灵魂。女人念念不忘"灵魂选择自己的伴侣"，而有的男人却不吃这一套，于是悲剧开幕。

我曾去鸟市

　为了你

　亲爱的

买来了鸟

我又去花市

　为了你

　亲爱的

买来了花儿

我还去废品公司

　为了你

　亲爱的

买了根链条

沉重的镣铐

我再去奴隶市场找寻你

你竟然无踪无影亲亲呀亲亲

　　　　　　——普列维尔《全都为了你》

　　我为了你去买鸟买花，这是为了哄你开心，最后我还去废品公司买了一具镣铐，为了把你拴住，让你变成我的奴隶。然后我再去奴隶市场找你，你终于逃了。谁愿意做别人的奴隶呢，即便是以爱的名义？这首幽默的小诗，嘲笑男人古老的占有欲。有关爱的自由，泰戈尔说得很好：愿我的爱像阳光一样包围你，却又给你充分的自由。

我要在你爱我的时候死去

如何保持相爱的状态，是个世界性的难题。埃·达干《恋歌：我的爱》，用幽默的语调写出了悲哀的感情。建房象征婚姻生活；钉子象征生活中的愤怒和不满。就这样子，渐渐把生活钉在牢笼中。我不是耶稣，我不是木匠，但是我会自己盖房子，然后我会把自己吊死在里面。因为我在日常生活中不断感到愤怒，所以敲钉子的时候，我会把自己钉在十字架上。两人共建一座婚姻的殿堂，怎么建成了爱情的坟墓呢：我能够把自己的左手钉在横木上，但是我需要有人钉右手，我需要帮手、爱人、一个你、我的妻。把自己钉在十字架上不是我一个人能完成的事情，需要你的配合。如果说"婚姻是爱情的坟墓"，那么双方都是掘墓人，没完没了的怨恨使人成为婚姻十字架上的殉爱者。

> 我要在你爱我的时候死去，
>
> 当你还认为我美丽，
>
> 当笑声留在我的嘴唇上，
>
> 光辉照在我头发里。
>
> ——琼森《我要在你爱我的时候死去》

就因为爱情瞬息万变，防不胜防，女人们才会发出这样悲哀的呐喊。你的爱比我的生命更短，你无法爱我一辈子，所以我要在你爱我时死去。女诗人希望爱可以永恒，而男人的愿望是希望有永恒的女性。普希金把女人当作神灵，歌德把女人当作救世灵丹，而现实中的女人不能达到这个要求，所以男人也不断失望。这是一对永恒的矛盾。

无论出于什么原因，爱情下课了，下了课的爱情，叫失恋。在所有爱情诗里面大约有一半是写失恋的。因为人们对失恋的感触，可能比对爱恋更强烈。恋爱中有一种说不清道不明的感觉，明明很相爱，却不知为什么必须分开，正是这种说不清道不明的东西使爱情迷人。

让黑夜降临让钟声吟诵
时光消逝了我没有移动

爱情消逝了像一江流逝的春水
爱情消逝了
生命多么迂回
希望又是多么雄伟

让黑夜降临让钟声吟诵
时光消逝了我没有移动

——阿波利内尔《蜜腊波桥》

整首诗就像一个电影镜头：一个失恋的人站在蜜腊波桥上，望着塞纳河的流水，思念着已经远去的爱情。这情境伴上一唱三叹，如流水般的节奏，仿佛是一首抒情小调，很有乐感。诗人咏叹的是爱的消逝，他还想告诉自己，即使爱情消逝了，这种生命迂回的状态也是美好的，哀而不伤，人生还有希望。认清这一切，需要很大的勇气。所以诗人才会循环往复像水流般无尽叹息。

爱这个曾是你自己的陌生人

你以为我和你绝了交，
走路时故意这么神气？

不是神气呵——是悲怆

使我不肯把头低。

——阿赫玛杜林娜《不必为我浪费时间》

昂着头走路的女孩对她的男友说：你别再追我了，我不爱你。昂头走路是不是因为我很神气？不是，我感到悲怆，虽然不再爱你了，但还是为我们感情的结束感到悲痛。这是一种真实的微妙心理，健康而自尊。这个细节很重要，一个满心悲伤的女子昂着头走路，为了不让悲怆把她压垮，所以她得抬起头，多么坚强，多么美丽。生命中充满了些许忧伤的失恋，这种忧伤也可以十分美丽。

我曾经爱过你：爱情，也许

在我的心灵里还没有完全消亡；

但愿它不会再打扰你；

我也不想再使你难过悲伤。

我曾经默默无语地、毫无指望地爱过你，

我既忍受着羞怯，又忍受着嫉妒的折磨；

我曾经那样真诚、那样温柔地爱过你，

但愿上帝保佑你，另一个人也会像我爱你一样。

——普希金《我曾经爱过你》

普希金发自内心地爱上了一个女子，可女子爱上了别人，他向女友发出真诚的祝福，而不是怨恨的诅咒。失恋的人出于嫉妒，容易怨恨对方，但是更有风度的做法，是像普希金这样，我虽然失去了你的爱，但是对你并没有恨，因为我真的爱你，我会祝福你，希望另外一个人爱你爱得更好。这才是真正的绅士风度。

多少人爱你青春欢畅的时辰，

爱慕你的美丽，假意或真心，

只有一个人爱你那朝圣者的灵魂，

爱你衰老了的脸上痛苦的皱纹。

——叶芝《当你老了》

叶芝一生苦恋一个叫毛特·岗的女人，毛特·岗美丽而有才华，是爱尔兰自治运动的领导人，她不爱叶芝，说叶芝太女性化，没有男人味。叶芝一生都没有得到她的爱，但一生总在写这个女人。这样的爱情也很美。即使没有得到，爱也不会消失，他爱的不只是那女子的容貌，还有她的灵魂，或者，爱的只是爱情本身。这首诗感动了很多人。杜拉斯的小说《情人》的开头：某一天我坐在旅店的大堂里，一个男人向我走来，告诉我，我曾经爱过你，别人都爱你青春焕发的容颜，而我却爱你衰老脸上的皱纹。说的就是这首诗的诗意。

你会重新爱这个曾是你自己的陌生人。

上酒。上面包。把你的心

交还给它自己，交还给这终生爱你的

陌生人，你为了另一个人而

忘了他，他却还记得你。

……从镜里削掉你的形象。

请坐。享用你的一生。

——沃尔柯特《爱之后的爱》

当你失去了爱情之后，回到家里迎接你的只有你自己。你曾为了另一个人而忘记了自己，而今她不在了，你得重新独立，重新爱自己，这或许不潇洒，但却是真正的坚强。暂时得不到爱，没有关系，但不可以自暴自弃。人的立身之本就是自爱，要善待自己，重新开始没有爱人的日子，让自己变得值得人爱。恋爱的时候会忘却了自己，思想围着爱的那个人，现在，要清醒地认识自己是谁，享用自己的一生。

不管因为什么失去了爱情，这是人世间的一种常态，即使两人相伴终生，也有一个人会先走，所以，这爱过之后的爱最终是自爱。珍爱自己，你才有能力去爱别人，才有可能继续去爱。自爱，这是爱的最初和最后的功课。

第十九讲　人类我爱你

讲授篇目

〔英国〕伦·司·托马斯《时代》

〔美国〕弗罗斯特《火与冰》

〔奥地利〕汉德克《颠倒的世界》

〔美国〕肯明斯《人类我爱你》

〔英国〕莎士比亚《对这些都倦了》

〔法国〕卢梭《讽喻诗》

〔希腊〕柳德米斯《我很健康》

〔法国〕欧仁·鲍狄埃《国际歌》

〔奥地利〕里尔克《严重的时刻》

把天上的星星卖出去

诗人有两种：一种专注于自己心中的爱恨情仇，另一种以小我连接大我，关注人类的命运。只写小我者琐碎，只写大我者空洞。同是亡国之君，李煜的词能引起共鸣，他所写的亡国之痛沟通了人类的普遍情感体验；宋徽宗也写亡国词，却无法引起别人共鸣，因为他没有大我。写作时要在小我中显出大我，在大我中显出人性。

每一代人都有每一代人的问题，这迫使我们思考个人和人类的关系。我们这个时代最时髦的是什么呢？是经济，能赚钱的一切东西都是好东西，不能赚钱的一切东西都被抛到一边。这是一个市侩的时代，人与人之间以世故相连。而这个时代在西方已经延续了一百多年。

> 两位策士的话
>
> 得到公众倾听。一位日夜不停地
>
> 喊："买！"另一位更有见地，
>
> 他说："卖，卖掉你们的宁静。"
>
> ——伦·司·托马斯《时代》

市场经济时代，世上只有两种声音——一个叫买，一个叫卖，人与人之间的关系变成了单纯的买卖关系。当世上的一切都被标上价格，一个人的价值如何衡量？如果可以标价的东西才是有价值的，价格取代了价值，那么在人身上、在人类生活中许多不可标价出卖的东西就会自动失去价值？把你生产的产品卖出去，把天上的星星卖出去，把爱情卖出去，把人的尊严卖出去，把世上万物都标价卖出，这个世界会可爱吗？还值得人留恋吗？而我们正一步步走向这个时代。

爱情可以标价出售吗？你的爱情值多少钱？有一部好莱坞电影探讨了这个话题：一对恋人正预备结婚，一个富豪看上了这个女孩，跟这对年轻人商量：我得到这个女孩一晚，给你们一百万美元，可不可以？最后的结果是同意了，过了一夜，从此这对恋人的感情再也不能回到从前。

> 有人说世界将毁灭于火，
>
> 有人说毁灭于冰。
>
> 根据我对于欲望的体验，

我同意毁灭于火的观点。

但如果它必须毁灭两次，

则我想我对于恨有足够的认识

可以说在破坏一方面，冰

也同样伟大，

且能够胜任。

——弗罗斯特《火与冰》

人类的毁灭可能就是我们一手造成的，由于我们的贪婪和短视。火与冰这两个意象，分别象征欲望与仇恨。人的贪婪欲望可以毁灭这个地球，因为过度的消费和生产，环境恶化，使地球不再适合人类生存。而仇恨引发的战争，爱因斯坦预言：下一次世界大战，人类要用石头来打仗了。为什么？原子弹会把地球毁灭，如果还有幸存的人，只有用石头打仗，重新变成原始人回到石器时代。人的欲望是一种看不见血腥的毁灭，使人走向毁灭而浑然不觉；而仇恨点燃见血的战争。有学者鼓吹：今后的世界，人类最大的冲突将是文明之间的冲突。站在基督教文明立场上，把伊斯兰文明与恐怖组织挂钩。危言耸听，制造战争的借口。这种莫须有的仇恨里面带着无知，因为缺乏有效交往而产生莫名恐惧。信息时代，人类可以跨越国界、种族之界和宗教之界交往，我们有机会增加了解，维护一个多元文化共存的世界，而不是只有某一种文化主导世界。

在颠倒的世界中捍卫常识

抗战时期，有位中国诗人写了一首诗，以机智的语言讽刺时局：东西街南北走，出门看见人咬狗，捡起狗来打石头，却被砖头咬了手。奥地利的汉德克也写了这样的一首诗《颠倒的世界》："我醒着入睡了：我没有看见东西，是东西在看我；我没动，是脚下的地板在动我；我没瞅见镜中的我，是镜中的我在瞅我；我没讲话，是话在讲我；我走向窗户，我被打开了。"

为什么要用颠倒的语言来写颠倒的世界？人类文明建立了很多系统的规则，不管是基于习俗的、基于法律的、基于信仰的还是基于党派的要求，各种规则可以通称为人类的常识。如果这个世界，你看到的全是违反常识的事实，这就是一个颠倒的世界。用讽刺的笔调控诉世界的荒诞，是为了捍卫常识。

> 人类我爱你因为你
> 不断地把生命的秘密
> 放进裤衩又老是忘记
> 一屁股坐
>
> 到上面
> 而且因为你
> 永远在死的股掌之中
> 吟咏作赋人类
>
> 我恨你
>
> ——肯明斯《人类我爱你》

人真的很奇怪，唱国歌的时候，提到祖国、母亲这类词，你会不会心潮澎湃？这是人的本能的反应，一碰到大概念，你就会觉得自己融入了一个伟大的群体，觉得自己变强大了。人把自己归属到某一个群体，这很正常。关键是你会为祖国、母亲这类词热泪盈眶，等一杯老酒喝下去，你又觉得稀松平常了。这种美好的感情并没有刺激你变得更美好，潮起潮落，你又恢复了本来面目。人类社会的各种设计里面，有很多美好的设想，在现实中却变成低俗的东西：你情愿给成功擦皮靴，为满足私欲可以把理智送进当铺，还有，"你不断地把生命的秘密放进裤衩，又老是忘记，一屁股坐到上面"。生命的意义是什么？仅仅是生殖繁衍吗？显然不是。生命的意义在宗教的含义上说就是爱。但是我们常常把爱这种高远的向往，变成一种低下的行为。连动物也会传播基因繁殖后代，人类却不顾及留给后代一个适合他们生存的世界。中国农村的墙上写着："但存方寸地，留与子孙耕"。这是古训，今人却硬把后代的路给断绝了。人类活着的时候寻欢作乐，却不知自己正在死神的掌心舞蹈。人类原本有许多崇高的标杆在那里立着，但我们在现实生活中却往往朝下三路走。这就是人类的矛盾，这种口是心非、表里不一、颠倒黑白、变高尚为卑下的人类行为，诗人以"人类我爱你"的反语一口气数落下来，反讽人类的劣根性，最后忍不住了：前面说了半天我爱你，说的都是反意，最后说出了真话：我恨你。我恨你是这个样子。

> 对这些都倦了，我召唤安息的死亡——
> 譬如，见到天才注定了做乞丐，
> 空虚的草包穿戴得富丽堂皇，
> 纯洁的盟誓受到了恶意的破坏，
> 高贵的荣誉被可耻地放错了地位，
> 强横的暴徒糟蹋了贞洁的姑娘，
> 邪恶，不法地侮辱了正义的完美，
> 拐腿的权势损伤了民间的健壮，
> 文化，被当局统治得哑口无言，
> 愚蠢（俨如博士）控制着聪明，

单纯的真理被唤作头脑简单，

被俘的良善伺候着罪恶将军；

对这些都倦了，我要离开这人间，

只是，我死了，要使我爱人孤单。

——莎士比亚《对这些都倦了》

据说这是莎士比亚写得最美的一首十四行诗，一首不可超越的诗，一首不受时间局限的诗，它参透了人间的邪恶。精巧的比喻和气势磅礴的排比，列举世上种种不公平不合理的现象。不用解释吧，一看就明白。这是一个真实世界的写照，大量的罪恶充斥着物质进步的社会。诗很美，话很绝，他把人世间的一些阴暗都用优雅的文字抖搂出来，从莎士比亚到现在，这些事实都未曾改变，我们从小就学进化论，但我们究竟哪里进化了呢？科技使生活变得方便，但同时也破坏了地球环境。人类是否变得美好了？历史并不是一条直线上升，它一直在走，却不见得越走越高。这样的世界真令人厌倦，不如一走了之，可是，"我死了，要使我爱人孤单"。一点柔情，令局面改观，人间再无聊，只要有爱牵挂，就值得活下去。读到结尾，你才知道：这是一首爱情诗。即使全世界都使人失望，但为了所爱的人，也要活下去，对一个人的爱可以与对整个世界的恨对抗，对人类来说，这又是一种多么伟大的力量。

此刻有谁在世上某处哭

这世界是喜剧一场，

每人的角色不一样。

那边台上是主教，征服者，部长，

他们穿着戏服全身闪光。

而我们卑贱的百姓，微不足道的群氓，

坐在最后几行，是大人物鄙弃的对象。

我们台下的是观众，

但是，我们花了钱来捧场。

要是闹剧演得不像样，

我们要喝倒彩震天响。

——卢梭《讽喻诗》

　　这是一首老百姓的诗。天下的事情是否只有"肉食者谋之"？跟老百姓有没有关系呢？有关系。这个世界是一场喜剧，演员是权贵们，老百姓是观众，"但是，我们花了钱来捧场"。老百姓都是纳税人，是纳税人的钱供养着官员，他们拿着纳税人的钱来为纳税人服务，"要是闹剧演得不像样"，在权贵们演绎着邪恶、罪恶的时候，我们有"喝倒彩"的权利。这是民主意识。

起来，饥寒交迫的奴隶，

起来，全世界受苦的人！

…………

从来就没有什么救世主，

也不靠神仙皇帝。

要创造人类的幸福，

全靠我们自己。

——欧仁·鲍狄埃《国际歌》

　　贫困的生活，让人没有尊严。世界上有那么多穷人，才会有无产阶级一说。而《国际歌》就是世界无产阶级的革命歌曲。有一次，我在奥地利街头抽烟，有几个捷克工人（导游介绍）向我要烟抽，我们语言不通，于是大家一起哼了一曲《国际歌》。东欧已经不是社会主义国家了，但他们一直记得这首歌，列宁曾说："只要听到国际歌的旋律，全世界的无产者都会是朋友。"法兰西民族在某种程度上很像中华民族，是比较爱激动的一个民族，不像英国人是那么冷冰冰的"绅士"。《国际歌》非常坦率地表达了普天下穷苦百姓的愿望：我们不要再做饥寒交迫的奴隶。我们要做天下的主人，我们要权利要平等要财富要自由。

> 此刻有谁在世上某处哭，
>
> 无缘无故在世上哭，
>
> 在哭我。
>
> ——里尔克《严重的时刻》

这样的诗句既简单又动人，世上有人哭有人笑，都跟你有关，说得很玄，他说的是人类之间的神秘感应吗？不是的。他说的是人类的一种本质的联系。

马克思欣赏一句格言，"人所具有的我都具有"，这是一种伟大的谦虚，也是诚实的自豪。在任何一个人身上，都拥有全体人类共同的特点。人的本质是一样的，不管你是什么样的身份和地位。世上的万物都是与你有关的，若你这样看问题，你的小我中便会长出一个大我。所谓爱人类、理解人类，实际上就是怎样理解自己，我们以怎样的姿态去爱人类，就是以怎样的姿态在爱着自己。当你这样想问题，就是你生命中严重的时刻。

第二十讲　坟上开着迷迭香

讲授篇目

〖马其顿〗民歌《岩石上的黑渡鸦》

〖捷克〗民歌《迷迭香》

〖古罗马〗梯布卢斯《是谁发明了可怕的剑》

〖英国〗奥登《他在中国变为尘土》

〖日本〗茨木则子《我的黄金时代》

〖罗马尼亚〗保罗·策兰《死亡赋格》

〖美国〗庞德《为了千疮百孔的文明》

〖美国〗鲍勃·迪伦《就在空中飘》

战争是人类不必要的恶

在地球所有生物之中，最好战的动物是什么？

你可能想不到，是我们，人类。

许多食肉动物都有嗜杀的本性，但大多是小打小闹，同类之间称王称霸，异类之间弱肉强食。人类为了争夺人口和土地，也会像动物一样征服同类。但是，只有人类，会实行大面积的种族灭绝，不只是为了征服对方，而是彻底灭绝。为了一些莫名其妙的理由：种族优劣、信仰异同、家仇国恨等等，都是以所谓"文明"的借口，采取野蛮的行径。

人类这个物种一出现，很快成为地球之王，万物臣服，然后人类肆无忌惮地破坏地球。当想明白了食物链这回事，人类才开始想到要保护环境和其他物种。但是，人类的相互残杀，有史以来，从未断绝。战争，成为人与人之间、国与国之间最邪恶的游戏，杀人游戏。自以为最文明、最聪明的人类，却一直没有大智慧消灭战争。

战争是人类不必要的恶。战争曾经是人类野蛮的遗传，如今，却可能是人类文明的遗传。肉体消灭是不对的，所以许多国家废除了死刑。但是，发动战争，却是对他人施行大面积的死刑。战争，已经成为人类一个邪恶的基因。

> 岩石上的黑渡鸦，
>
> 你为什么这样叫声呱呱？
>
> 你是想吃肉了吗？
>
> 到科索沃去吧，
>
> 哪儿有肉，
>
> 真是喷香的肉呀，
>
> 肉就在那些白皙的脸颊。
>
> 你是想喝水了吗？
>
> 到科索沃去吧，
>
> 那儿有水，
>
> 冰凉的水呀，
>
> 它从那些乌黑的眼睛里流下。
>
> ——马其顿民歌《岩石上的黑渡鸦》

一首充满伤感、凄凉的诗歌。科索沃，历来就是一个战乱之地，前些年还发生了南斯拉夫的分裂之战。乌鸦在尸体上盘旋，歌手呼唤黑渡鸦，去科索沃，那里有肉，新鲜喷香的肉，在白皙的脸上；那里有水，冰凉的水，死人的泪，从很多乌黑的眼睛里流出来。赤裸裸的告白，语言朴素，却有着无尽的哀伤。

> 坟上开着迷迭香。
> 土中睡着我情郎。
> 他们送他上前线，
> 死呀死在战场上。
>
> 把到处的钟儿敲响吧，
> 把我爱人的死亡告诉大家。
> 枝头上掉下玫瑰花。
> 全世界陪着我哭他。

> ——捷克民歌《迷迭香》

迷迭香的花语是回忆，记忆中的爱的忠贞与忧伤。迷迭香在坟墓上开放，整首歌用了这个民俗意象，以一个妻子哭坟的语调，上阕叙事，下阕抒情：敲钟传讯，玫瑰凋谢，"全世界陪着我哭他"。不是女子心大，是哀伤浩大。唐诗有句，"可怜无定河边骨，犹是春闺梦里人"，说的是一种绝望的守候，丈夫已死，妻子却不知道，世界在绝望中保持着虚无的守候。因为战争，有多少青年志士葬身血海，多少俊朗少年死于枪林弹雨，又有多少失去儿子的可怜母亲独自垂泪，多少痴情少女为情郎哭断肝肠？

是谁发明了可怕的剑？

"是谁发明了可怕的剑？"古罗马诗人梯布卢斯有此一问，问得好。原本是用来对付野兽，为了人类更好地生存的剑，到底是谁发明的？为什么保护人类的剑指向了自己的同类？"也许冤枉了他（剑），本是我们滥用了。"的确，剑是无辜的，只是人类用它作为互相残杀的工具。联合国总部前矗立着雕像"铸剑为犁"，让我们把手中血淋淋的剑换成耕作的犁吧。

　　　　他被使用在远离文化中心的地方，
　　　　又被他的将军和他的虱子所遗弃，
　　　　于是在一件棉袄里他闭上眼睛
　　　　而离开人世。人家不会把他提起。

　　　　当这场战役被整理成书的时候，
　　　　没有重要的知识会在他的头壳里丧失。
　　　　他的玩笑是陈腐的，他沉闷如战时，
　　　　他的名字和模样都将永远消逝。

　　　　他不知善，不择善，却教育了我们，
　　　　并且像逗点一样加添上意义；
　　　　他在中国变为尘土，以便在他日
　　　　我们的女儿得以热爱这人间，
　　　　不再为狗所凌辱；也为了使有山、
　　　　有水、有房屋的地方，也能有人烟。
　　　　　　　　　　——奥登《他在中国变为尘土》

英国诗人奥登，在抗战期间来到中国，为中国士兵写下这首诗。普通的中国士兵的形象，太真实了，残酷的真实：他战死在荒野——身后是"文化中心"；被"虱子"抛弃——军装褴褛；没有值得记录的知识——无知；"玩笑陈腐"——无趣；"名字和模样消失"——无名；"他不知善，不择善"——没有立场和宏观思维。这样一个无足轻重的士兵，他的生与死，似乎没有意义，然而，诗人说：他"教育了我们，并且像逗点一样加添上意义"——历史中的一个逗号，无数个逗号，让历史延续下来，让正常的生活流动下去，让"我们的女儿得以热爱这人间"。他的牺牲，不是无足轻重，诗人冷冰冰的语调忽然燃烧起来："他在中国变为尘土，以便在他日／我们的女儿得以热爱这人间，／不再为狗所凌辱；也为了使有山、／有水、有房屋的地方，也能有人烟。"战争是可耻的，但反击侵略却是正义的。抵抗侵略的正义的战争，只是捍卫我们的生存权。

再从侵略者的一面来看。日本女诗人茨木则子写下《我的黄金时代》，这是茨木则子在经历过侵华战争后发出的心灵的叹息。

在我的黄金时代，
工厂，海上和无名小岛，
周围的人纷纷遭死难，
我失去了打扮的时间。

在我的黄金时代，
谁也没赠我珍贵的纪念，
男人们只送我一个举手礼，
留下多情的眼神都上了前线。

战争给被侵略国带来了无限的痛苦与创伤，又给侵略国带来了什么？一代人消失的青春和生命。有任何高于青春与生命的理由去发动战争吗？和平，才是人类永恒的主题。

为了千疮百孔的文明

保罗·策兰是犹太人，出生于罗马尼亚，二战期间父母死于纳粹集中营，他在流亡中背负历史记忆的重压而写作，是二战以来影响最大的德语诗人，其成名作《死亡赋格》震撼德国。

> 清晨的黑牛奶我们傍晚喝
>
> 我们中午早上喝我们夜里喝
>
> 我们喝呀喝
>
> 我们在空中掘墓躺着挺宽敞
>
> 那房子里的人他玩蛇他写信
>
> 他写信当暮色降临德国你金发的马格丽特
>
> 他写信走出屋星光闪烁
>
> 他吹口哨召回猎犬他吹口哨召来他的犹太人掘墓
>
> 他命令我们奏舞曲
>
> …………
>
> 他高叫把死亡奏得美妙些死亡是来自德国的大师
>
> 他高叫你们把琴拉得更暗些你们就像烟升向天空
>
> 你们就在云中有个坟墓躺着挺宽敞
>
> 清晨的黑牛奶我们夜里喝
>
> 我们中午喝死亡是来自德国的大师

我们傍晚早上喝我们喝呀喝

死亡是来自德国的大师他眼睛是蓝的

他用铅弹射你他瞄得很准

那房子里的人你金发的马格丽特

他放出猎犬扑向我们许给我们空中的坟墓

他玩蛇做梦死亡是来自德国的大师

你金发的马格丽特

你灰发的舒拉密兹

德国军官喜欢音乐，在奥斯维辛集中营，德军司令官一边每天在家里播放巴赫的赋格曲，另一边，不断将犹太人送进焚尸炉，"来自德国的大师"在美妙的音乐声里杀人，多么荒谬的反讽。而"黑牛奶"的意象同样荒诞，是对犹太人离奇命运的隐喻，"我们"饮用自己的反常的黑暗的命运。赋格曲的音乐特点有所谓对位法，"黑牛奶"作为主格贯穿全诗。在"他"和"我们"之间，是对应关系：他在房子里、玩蛇、写信、吹口哨、做梦、放出猎犬；我们喝黑牛奶、奏舞曲、在空中掘墓。我们身处一地，都说德语，有相似的音乐趣味，但他们是杀人的大师——"死亡是来自德国的大师"，我们，是将死之人。

两个女性、两种文明的象征："金发的马格丽特"是歌德的诗剧《浮士德》的女主角，是德国浪漫主义的典型形象，也是尼采想象中的"超人"的配偶的样子。"灰发的舒拉密兹"，出自犹太圣经《所罗门之歌》，一个黑发女仆，是犹太人重返家园的保证。这一场针对犹太人的种族灭绝，其实质是两种文明的冲突。"文明"一旦被曲解、被利用来杀人，就变形了，变得异常残酷而野蛮。

他们大群大群地死去，

他们中最优秀的人，

为了那老掉牙的婊子，

为了那千疮百孔的文明，

可爱，漂亮嘴唇上的微笑

消失在泥土眼睑下的灵巧的眼睛，

为了两百来个破碎的塑像，

为了几千本破烂的书籍。

　　　　　——庞德《为了千疮百孔的文明》

　　构成人类文明的经典，指导了一代代人的思维与行动，不过就是"两百来个破碎的塑像"和"几千本破烂的书籍"。那些用来构建人类理想生活的经典，被人杰创造出来，是为了让人类进步，而不是用来毁灭人类的。

　　西方学者有一种观点：历史已经终结，西方的政治制度将一统天下。同时，今后的战争缘由，将来自所谓"文明的冲突"——简而言之，就是各种意识形态尤其是宗教信仰之间的冲突，如基督教、伊斯兰教、儒家文明等等。西方人要终结历史，民粹主义、美国至上等大行其道，而中国人要开启中国梦，推进"一带一路"，主张共同构建人类命运共同体。"文明"，是孕育战争的温床，还是遏制战争的利器？我们拭目以待。

一个人得走过多少路程才配得上人的称号？

对，一只白鸽子得飞过多少个海洋才能在沙上睡觉？

对，这些炮弹得飞多少回，才能永远禁止掉？

朋友，回答就在空中飘，回答就在空中飘。

一个人得抬头多少回，才能看到蓝天照？

对，一个人得有多少只耳朵，才能听到人民的呼号？

对，得死多少人，他才明白人已死得不算少？

朋友，回答就在空中飘，回答就在空中飘。

一座山得经过多少年才能夷平为海道？

对，有的人得活多少年才能把自由争到？

对，一个人能摇头多少回，假装啥也没看到？

朋友，回答就在空中飘，回答就在空中飘。

——鲍勃·迪伦《就在空中飘》

第二十一讲　学会爱黑暗的日子

讲授篇目

〖美国〗艾略特《窗前晨景》

〖英国〗菲·拉金《癞蛤蟆》

〖澳大利亚〗霍普《留下的伊甸园》

〖美国〗庞德《敬礼》

〖美国〗罗伯特·勃莱《坐火车经过一处果园》

〖美国〗弗罗斯特《补墙》

〖圣卢西亚〗沃尔柯特《黑八月》

〖奥地利〗里尔克《我爱我生命中的晦冥时刻》

工作这只癞蛤蟆

有一种文学流派叫黑色幽默，把世界的荒谬和人生的无奈推到极致，扭曲变形，暴露其滑稽可笑，是绝望的喜剧。黑色幽默影响到电影，就产生一种黑色电影。比如说两个杀手，在杀人之前，长篇大论地分享《圣经》，越说越像个传教士，最后越说怒火越大，结果一枪把对方给杀了。生活中颠倒黑白的幽默，我们也叫黑色幽默。黑色幽默，是对我们现实生活中黑暗事物的一种认可或嘲讽，承认生活的黑暗面，然后决定采取什么态度去面对。

> 我觉察到女佣人潮湿的灵魂
> 在大门口沮丧地冒出嫩芽。

——艾略特《窗前晨景》

　　诗人艾略特坐在窗前，看到这样的街景：女佣人生活在社会底层，她的世界一片潮湿，霉菌覆盖了灵魂，看不到未来。"潮湿的灵魂在大门口沮丧地冒出嫩芽"，绝望的生活状态，嫩芽必然会长大，结果，只会是苦果。街上雾蒙蒙一片，在雾里面人脸全被扭曲，像电影镜头，像印象派的画。诗人忽然不痛快了，想从路人脸上撕下一个无目的的笑抛到空中。他以居高临下的心态，看世人像蜂巢里的蜜蜂在无目的地忙碌，感觉单调无聊，这是一种对生活的倦怠和轻微的嘲讽。读诗必须移情，观察别人的生活，联系到自己。如果你生活得不容易，对自己可不可以有一点儿黑色幽默呢？

> 为什么让工作这只癞蛤蟆
> 　　蹲在我的脊背，
> 何不拿起智力这把叉子
> 赶走这个丑类？
>
> ⋯⋯⋯⋯⋯⋯
>
> 我不是说工作这只癞蛤蟆
> 　　就包括精神的癞蛤蟆，
> 我是说，我身上既然有两个，
> 　　丢掉哪个也舍不得。

——菲·拉金《癞蛤蟆》

这显然是一个工人阶级的自白。父母说，你不好好读书，就要去扫大街。现实就是这样，蓝领比白领更辛苦。体力劳动者深刻感受到工作压力之大，感觉工作就像是趴在身上的一只癞蛤蟆，难受，压力大，甩都甩不掉，然后就会想：如果我是一个脑力劳动者多好啊！那么多人张张嘴就能赚钱，动动笔就能赚钱，还有一些人什么也不干，就凭国家的救济金来生活。在西方有很多懒人，不工作，就靠国家发的救济金苟活着。任何一个人在世间活着，必须有一个底线，这个底线就是觉得自己活在这个世界上，是有用的。靠别人来供养，不劳而获，有违一个人的尊严。诗人说：我既不能靠吹吹拍拍违背我的良心，去得到我要的东西，又不能放弃劳动去享受国家福利，最后我身上背的就不止一只癞蛤蟆了，为了甩掉前一只，我又背上这后一只，所以身上有了两只癞蛤蟆：一个是工作，一个是尊严。这就是人生的重压。生命中不可承受之重。

留下的伊甸园

话说人类之初，伊甸园里住着亚当和夏娃，一条蛇引诱了夏娃，摘了一个苹果，夏娃把这个苹果给亚当吃，结果两个人发现了赤身裸体这回事，于是有了羞耻心，而羞耻心就成为人类文明的起源。有了羞耻心以后就有了智慧，采无花果树叶，盖住自己的腹部。上帝发现人偷吃了禁果，把他们逐出伊甸园。故事接着往下说，这就不是《圣经》的故事了，而是诗人给我们讲的故事《留下的伊甸园》：

> 愤怒的亚当不会和夏娃共食。
>
> 他们说，她是从他身边被赶走的。
>
> 看她泪水中紧闭之门，他无可奈何，

他悲痛欲绝，但他用高傲支撑自己。

他爬过墙，因为他的孤独
渴望看到她尘世中孤独的身影；
看哪，他们两个人！上帝是多么的公平，
在荒野上，他给了她一个丈夫。

一天又一天，他看着他们开垦粗糙坚硬的土地，生儿育女，
在荒原上老去，直到最后死亡。可是亚当，上帝没有再换给他一
个伴侣，他生活得不朽、年轻、戴着贞洁的王冠，但是他不能生
育、阳痿，这是多么公平啊！

诗人设计了一个新版伊甸园：亚当由于听话守纪律，是"三好学
生"，所以他没有吃禁果，继续留在伊甸园；夏娃由于调皮，好奇心强，
吃了禁果，所以被赶出了伊甸园。亚当选择留下，言下之意是：你的责
任你去承担，不关我的事，每个人对自己的过错负责；你走吧。愤怒的
亚当把夏娃赶走，独自一个人留在园子里赏玩自己的完美。高傲的亚当
爬过墙，渴望看到夏娃在尘世中孤独的身影。可是他看到了两个人：夏
娃来到人间，上帝给她另外配了一个丈夫，生儿育女垦荒老死，活得生
机勃勃、有滋有味。而亚当一个人在伊甸园，永远年轻、贞洁而孤独，
不会做一个男人，更不知道什么是女人。上帝是多么的公平啊！

这首诗是跟《圣经》开玩笑吗？还是对生活中的男女做出了某种讽
喻？人世间最可怕的是孤独，人天生脆弱，需要与人为伴，与人同行，
才有安全感，才会觉得自己是一个人，是一个男人、一个女人一样地活
着，留在伊甸园里的亚当，只是一个无性别的人。生活在一起的人，双
方要共同承担生活的一切，不光是甜蜜、快乐，也包括苦难、劳累和罪
过。亚当自私，不懂得包容，不愿意分担，把自己留在光明的伊甸园，

把别人推向黑暗的人间，反而得到惩罚。

　　哦，自大透顶的一代，

　　　别扭透顶的一代，

　　我见过渔民在阳光下野餐，

　　我见过他们一家衣衫破烂，

　　我见过他们咧嘴笑着，

　　　听过他们粗野的狂笑。

　　我比你们远为幸福，

　　而他们又比我们幸福多倍；

　　鱼在水中乐，

　　　连衣服也没有。

　　　　　　　　　——庞德《敬礼》

　　任何一代人，都会有一个错觉，认为自己是这个世界上最聪明的一代人：父母多么愚蠢、多么笨拙啊！他们怎么那么傻呢，我们多聪明啊，我们想得多好、想得多明白啊！这是每一代年轻人的通病，总是自大，跟世界过不去，闹别扭。每一代人都在否定生活中接受生活，这是悲剧还是喜剧？先是否定生活，之后呢，哎呀，日子就这样啊，生活就这么过下去吧，回过头来就接受生活。每代人都这样，不断地重复这个过程。

　　庞德教育年轻人：我见过渔夫在阳光下野餐，他们穿得破烂，但是笑得很开心。真是知识分子的观点啊！穿得破烂为什么不能笑得开心？他隐含的观念是：只有财富和地位才能让人开心和快乐。但现实生活却是，许多没有财富和地位的人，比那些有权有势的人快活得多。因为他们热爱生活本身，用中国古人和稀泥的话来说：知足者常乐。但这话不够透彻。他其实并不是知足，他就是热爱生活本身，他觉得每天去工作，能够赚到养家糊口的钱，一家人平平安安地活着，相互友爱，这样的日子就很美好。一定要赚大钱、住大房子、当大官才幸福吗？所有这些东西既不会增加感情的浓度，也不会增加心灵的高度。一个漂亮的比喻来了：鱼在水中乐，连衣服也没有。世人对于诗人是比较宽容的，尤其是当他们说点胡话时。鱼要穿衣服吗？鱼单纯地在水中嬉游，它不需要额外的东西，就是这种单纯的活着的快乐。

即使是在同一时刻，人们也不是生活在同一个时空。例如今天，我们坐在教室里品读诗歌，另外有些人正想着如何填饱肚子，还有些人却在战火中抗争。自己处在光明中，别人处在黑暗中。我们要放远眼光，要有移情的能力，把专注自我的眼光，转向别人，放眼世界。有人会觉得别人的世界没意思，那是缺乏了移情的能力，只关注自己的小世界，便会失去整个世界。

我的苹果树不会踱过去吃你的松球

苹果树下草好深。

树皮粗糙而又性感。

草长得密而不匀。

我们受不住灾难，

不如岩石——

它赤裸在开阔的田野上，

摇摆着。

一点小伤，我们就死亡！

这车上我谁也不认识。

有个人从过道里走来。

我想告诉他

我宽恕他，要他

也宽恕我。

　　　　——罗伯特·勃莱《坐火车经过一处苹果园》

　　诗人坐火车经过一个果园，看到苹果树和苹果树下的草，看到那些美丽的东西，想到大地上的岩石风吹日晒也不会变化，几乎不受摧残。然后再想到人，人受不住灾难，人的生命就像苹果树上的果实一样，很容易被虫蛀，很容易夭折，"一点小伤，我们就死亡"。诗人由苹果园，想到人生的脆弱短暂，于是产生了柔情，产生了关爱、亲近他人的想法。整列火车上的人，我一个也不认识。有个人从过道里走过来。我想站起来，想告诉他："我宽恕他，要他也宽恕我。"素不相识的两个人，要宽恕什么？是人与人之间的隔阂，陌生人之间有一堵墙。就因为是陌生人，所以我们漠不关心。如果是熟人，可以有说有笑。我们在世上认识的人是为数有限的，如果对"陌生人"一概漠然待之，我们就让自己永远置身于陌生的世界里。这个冷漠的世界是由我们自己造成的。你对陌生人也应该怀有理解、同情之心，并且随时能够伸出你的友情之手。这样的世界才值得人生活，所以宽恕：请别人宽恕我的生硬，而我也宽恕他的冷漠，让我们打破隔阂，融洽相处。诗意之美就在于，诗人想点破冷漠的黑暗，携手于宽恕的光芒下。

　　美国诗人弗罗斯特，惯用惊人的朴素口语，聊生活常识。《补墙》：邻里的庭院之间有一堵院墙。到了春天，万物生长，焕发生机，而这堵石墙也开始活动起来，出现许多漏洞。两个邻居约好了：哪天我们挨着墙各自走一遍，发现哪个地方有漏洞，我们就把它补好。石头不听话，它老要落下来，我就想，我们搬动石头到底做什么？为什么一定要把墙修得那么牢固？他那边全是松树，我这边是苹果园。我的苹果树不会踱过去吃他的松球，他的松树也不会来吃我家的苹果。我们之间为什么必须有一堵墙？邻居说："好篱笆造成好邻居。"墙，是私有财产的分界线。每个人的权利范围都有一个界线，界线明确才可以和谐相处。真是这样吗？这堵墙，是看得见摸得着的，是有形的界线，而在我们之间还建起了一堵无形的墙——隔阂。有形的墙把私有财产圈了进来，而无形的墙把人与人之间的信任圈了出去。真是得不偿失啊！要不要篱笆，这是文明人的矛盾。

我爱我生命中的晦冥时刻

我爱我生命中的晦冥时刻，

它们使我的知觉更加深沉；

……有时，我像坟头上的一棵树，

枝繁叶茂，在风中沙沙作响，

用温暖的根须拥抱那逝去的少年；

他曾在悲哀和歌声中将梦失落，

如今我正完成着他的梦想。

——里尔克《我爱我生命中的晦冥时刻》

上了中学后回头去看你小学时写的作文、日记，你会不会觉得自己比当时更强大了，更有理解力，更有表达能力，对生活更容易包容了？里尔克比喻这种状态就像坟头的一棵树，坟里面埋的是过去的岁月，那是一个远去的年少的我，而我现在长大了，我的根须可以伸到坟中去拥抱那个幼小的孩子，那个过去的我。生命还在延续，长大了的我在人世间行走，变得更为坚强，更有毅力。我现在要去完成他曾经有过的梦想。这样的一种人生状态，即使当初的一切让你痛苦万分，现在也有能力宽容一笑。

> 这么多雨水，这么多生活，正如这黑八月
>
> 肿胀的天。我的姐妹——太阳
>
> 在她的黄房间里抱窝不出。
>
> ············
>
> 我将已学会爱黑暗日子同光明日子一样，
>
> 爱黑的雨白的山，而从前，
>
> 我只爱我的幸福和你。
>
> ——沃尔柯特《黑八月》

心情不好的状态，有点像活在雨季中，整个季节阴雨绵绵，一切都在发霉，包括记忆。我在阴暗的日子里希望太阳出来止雨；我在失恋的日子里希望你出来安慰我。诗的转折从这里开始，爱人和太阳有对应关系。太阳不露面，你也不露面。我的生活就像阴雨天气一样洪水泛滥。怎么办呢？伊斯兰教圣哲穆罕默德说：山不过来，我就过去。我要改变自己的心态，慢慢学会爱这阴暗的日子。如同阳光灿烂的日子一样，阴暗的日子也是生活的一部分。强者是勇于面对生活的人，挺住就是一切。当你重新来临，你会发现，我跟以前不一样了。那时候的我已经变成了一个丰富的、完善的人——因为我已经学会了爱黑暗的日子同爱光明的日子一样。爱黑的雨，白的山。而从前，我只会爱我的幸福和你。以前我只会喜欢好的事情，只会喜欢世界上一切美的东西、好的东西。承认生活是多滋多味的，这才是有血有肉地活着。

人人都会有这么一天的，太阳不出来了，痛苦与不幸像倾盆大雨浇

湿了你的岁月，而你束手无策。最好有心理准备啊，不要任雨水浸透了你的人生。如果一个人只懂得爱幸福、爱爱人，那么他的生活就可能丢失掉幸福和爱人，唯有勇敢地去拥抱复杂的生活，才可以让自己的人生在黑暗中也唱出歌来。

第二十二讲　时光之书

时间的秘密

人世间最大的秘密是时间，生命最大的奥秘也是时间，而艺术的魅力也在于发现时间。你们看任何好的书和电影，它都是一首时间之歌，是一本时光之书。

比如小说名著《追忆似水年华》。法兰西民族是世界上最爱读书的民族之一，法国人有个调查，假如世界末日来临，你只能看一本书，你会挑哪一本？最终投票的结果是：《追忆似水年华》。这本书的作者普鲁斯特有一个基本的观点：人生的乐园在哪里？不在今天，也不在未来，而完全是在回忆之中。这个观点有它深刻的道理。人一生会经历无数的事情，每天一大堆琐事围着你，有多少事情会在你的心中留下印记？非常之少。许许多多曾经让你刻骨铭心的东西，事后都变成了过眼烟云，你可能再也不记得了。

比如说，爱的对立面，一般来说是恨。但是台湾作家张晓风说，爱的对立面不是恨。有个故事说：两个小年轻相爱了，爱得死去活来，最终分手了。若干年以后，两个人重新相遇，一个人走过去问另一个人：你还记得我吗？另一个人说：你是谁呀？她已经完全把对方给忘了，不管是有意还是无意。爱的反面，不是恨，而是遗忘、淡忘，没有留在对方的记忆里。那么，按照普鲁斯特的观点，人生一切快乐的源头都在回忆之中。我们在人世间要活得有价值、有分量，那些值得你记忆也值得别人去记忆的东西，才是真正有价值的。反过来说，人世间的许多行为，由于没在人的心里留下印痕，它可能就变成了一种没意义的东西。时间会让我们的人生沉淀，积淀下来的那些有价值的东西就变成了我们的记忆。在时间这本书里面，我们每个人的生命之书，它不是记录所有的东西，它只挑选你愿意记忆的那一部分记录下来。

然后就有一个问题了：时间如流水，滔滔东去，我们的人生也是或急或缓地由幼年、少年、青年到中年、老年，然后归于尘土。人的生命宝贵是因为它短暂。你可以假设一下，克隆技术出现以后，可以使人的生命无限地延长，最后整个地球上住满了那些不死的家伙，会造成什么现象？如果一个人可以永远活下去，你觉得是有意义的吗？你会觉得厌倦，你会厌倦生命。因为你做任何事情都可以重新来过，你不怕犯错误，因为出了错你可以重新来。这时你的生命就变成了无休止的厌倦的轮回。生命正因为它是有限的，我们才会更加去珍惜它，在有限的时间里让我们的生命焕发出光彩，就好像一首格律诗，是因为它有限制，才更显示出诗人技巧的高超。

天在那边屋顶上啊

又静，又青！

树上那边屋顶上啊
　　摇着清荫。

钟在眼前的天上啊
　　悠悠其声。
鸟在眼前的树上啊
　　啾啾其鸣。

主，生命就在那儿呀，
　　朴质，安宁，
这片和平的闹声呀，
　　来自市心。

——你怎么丢掉了，你呀
　　哭个不停，
你怎么丢掉了，说呀，
　　你的青春？

　　　　　——魏尔伦《天在那边屋顶上啊》

　　写这首诗的诗人魏尔伦，当时正在狱中。他因为跟另外一位天才诗人兰波有感情纠纷，一枪把兰波打伤了，被关在牢里。在狱中他写了这首诗。他是在一种纯然宁静的反思中，体悟到蓝天、屋顶、绿树、飞鸟，这些生命的证据，从尘世中传到狱中，传到囚室的窗户里来。生命是朴素、安宁的，而人们总认为生活在别处，从没留意生命就是此时此刻的存在。诗人醒悟到自己虚度了生命：我怎么忽然间就把自己的青春给弄丢了呢？我怎么就要在狱中度过余下的人生呢？这是一种实际的哀叹。我们拨开这个背景，也可以印证每个人都会在偶然间有这种恐慌：

我的青春到哪里去了？我怎么就丢掉了我的青春呢？你们高中生对自己的青春可能还没来得及遗憾，不妨回过头去想一想儿时的天真烂漫，那种纯真年代的记忆，你发现那个时候的自己多么无忧无虑啊！而现在呢，好像充满了重重的压力和烦恼。童年也有过的许多烦恼和痛苦，现在回头看去，都不算什么，你已经不记得了。

最近几年为什么流行伊朗电影，而且多是儿童题材的？《家庭作业》《白气球》《小鞋子》等等，非常纯真地反映了儿童的苦恼。比如说《我朋友的家在哪里》，讲一个小学生把作业本放在同学的书包里了，书包的主人想：同学今天晚上没写作业，第二天会挨老师批评。于是这个几岁的孩子就去找他的朋友，他也不知道朋友家的地址，整个影片就写这个孩子怎么样去寻找他的朋友。故事很单纯，那颗童心非常宝贵。对小孩子来说找到他朋友的家把作业本还给他是一件天大的事情。你现在觉得天大的事情，过了若干年也许就是小事一件。时间就是这么奇妙，把许多事情给简化了、缩小了，因为你在时间中变得强大了。

> 我以为保持青春
>
> 只需要不忘
>
> 哑铃和练剑，
>
> 就可以使身体少壮。
>
> 啊，谁能预料
>
> 心会变老？
>
> 我会说许多话，
>
> 但哪个女人会满意？
>
> 因为我已不再昏眩，
>
> 当我接近她的身体。

啊，谁能预料

心会变老？

我没有失去欲望，

只丢了过去的那颗心，

我以为等我临终，

它会点燃我的肉身，

可是谁能预料

心会变老？

——叶芝《歌》

青春的丧失，有两个原因：一是年龄大了，二是没了好奇心、创造力、生命的活力等年轻人的特点，也就是心态老了，这个非常可怕。一个男子不断健身，即使年纪老了也是强壮的，男子汉不能虚弱不堪。年纪大了，比年轻的时候更会讨女孩子喜欢，但再有艳遇也不再有眩晕的感觉了，那种羞怯，那种触电般的隐秘的反应，那种小心翼翼的试探，那种欲言又止的单纯，这些美好的东西再也没有了。虽然这个人身上还充满了欲望，但是他已经不能享受爱的快乐了。这是怎么回事呢？他说，我没有想到心会变老！一个人的心变老了，意味着他不再容易被感动、被触动，很多事情变成了例行公事，虽然他越来越有钱，越来越有能力，越来越有智慧，得到的东西越来越多，但是他觉得活得没劲，因为他的心变老了。有些人少年老成，二十几岁就说老了，有可能，我相信。因为他的心很早就变得没有感受能力了，这很可悲。

这里也牵扯到中外文化共同推崇的一个主题：童心。比如孟子说：大人者，不失其赤子之心者也。一个人之所以伟大，是因为他一生都葆有赤子之心，那种对世界的一种敏锐反应，那种纯朴的童心。一个老头儿老太太，活到老了有点童心，可能还更可爱，越活越世故就比较麻烦了。如果人们从不警惕心会变老、变麻木，那么活着的人也只能称之为行尸走肉了。

记忆的秘密

人的生活有两种，身体的生活和精神的生活，而健康的内心生活可以使人永远处于年轻的活力当中。当一颗心已经变老，他害怕见到皎洁的月光、辉煌的星空，受不了缠绵的自然的芬芳，因为这些都会把他带回到美好的从前。英国诗人哈代在《挡住那月光》中描述了一个极力控制自己内心情感的人。"人生初开的花太香甜，它结出的果子太苦！"过去的欢乐，不堪回首，而现在的痛苦，只能默默地忍受。

> 把这些玫瑰
>
> 看上一遍
>
> 还想把它们
>
> 看一千遍呢，
>
> 不料一百遍
>
> 就掉头而去，
>
> 因为连玫瑰
>
> 也不能看上
>
> 一千遍啊。

——伊·布莱姆《玫瑰》

玫瑰，很美，它能看一千遍吗？诗人的答案是不能。玫瑰经不住时间的摧残，它要枯萎，它要凋零。更重要的是，看玫瑰的人的心理经受不住不断的重复，于是产生厌倦，只有调整自己的心态，从不同的角度去看，在重复中发现不重复的新鲜，才能收获同一事物的不同的美。

这首诗想说什么？读诗的基本常识：诗是用意象来说话的，它说的肯定不是字面的意思。玫瑰的意象，每个读者都可以赋予它不同的内涵，可以是美貌、爱情、理想、事业、金钱……只要是你觉得生命中最美好的东西。玫瑰是好的，美的，可是再美的东西它也经不起时间的摧残，经不起不断地重复，因为会引来厌倦。这就是时间在人身上的奇妙作用。一道最喜欢的菜，一连吃几顿，你就会觉得它不好吃了，何况我们人生中有许多的事情要不断重复去做呢？小学的时候一个生词让你抄一百遍，老师用重复的方式只会让你厌倦学习，而不是让你喜欢。

我们有什么办法可以和厌倦做斗争呢？西方现代派文学中很重要的一个议题，是由卡夫卡、萨特、加缪提出来的，这些人都在致力于谈论一个话题：整个现实世界的荒诞不经、莫名其妙、不可理喻。人生的荒谬，社会事件的荒诞，让人活在不安之中，这是现实。而时间的本质之一，它看起来是在不断更新，实际上却可能是在不断重复。日出月落，春去秋来，这些时间的痕迹历历在目，但是它也在重复。你怎么能在一个单调的时间河流中注入新的生命形态？这就看每个人的造化和修为。你可以把这日子过得如今天的云抄袭昨天的云，也可以把日子过得每一天的太阳都是新的，这不是外界给你的东西，是看你的心是否永远具有那种新鲜的感受力，不要那么早地变老。

让我活着遇见你
这足够了

风中的栗树
我那寒冷北方的栗树

被银色的月光照亮过

我多么想说出我所知道的

村庄的名字、晒麦场

睡杜鹃和只活一个夏天的甲虫

我知道我会哭它们

一年又一年脱离它们

在林中空地我踩着一个边

    梦见它们

忘了这些，我就会蓦然

    熄灭

我想对人说一说栗树的孤单

多想让人知道

我要你把我活着带出

时间的深渊

——蓝蓝《风中的栗树》

    风中的栗树，可以是诗人生命的见证，我的童年、少年、青年都陪它度过了，这棵立在寒风中的栗树，孤独地立在村庄的边上，享受着月光和鸟虫。然后我的生命却一点一点地脱离它们，我不知道我的生命存在是不是也跟这棵栗树一样，渐渐地被人遗忘，甚至被自己遗忘。那么我怎样才能打败时间呢？我怎样才能不被时间打败呢？一个撕心裂肺的乞求："让我活着遇见你，这足够了。我要你把我活着带出时间的深渊。"她希望在活得正好的时候遇到自己灵魂的伴侣，这样，她就可以知道自己真的活着，不至于被时间的洪流裹挟而去，变成了一颗微不足道的水珠。

　　这是一个很有意义的现象，每个人都要给自己的生命一个基本的认定。你要让自己感觉活得有价值，你就必须赋予自己的生命某种意义。我在你们这个年龄反复思考过的一个问题：我认为人生是没有意义的。人生没有意义，但是生命却是有价值的。因为意义是外界给的，而价值是你自己创造的。

　　彭斯的《过去的好时光》正道出了人们的心里话。好日子，总被扔在从前的某个地方。现在，我们可以试着回答：人们为什么总认为过去的日子是美好的？或许，就是因为回忆的魅力。人的记忆有一个神奇的过滤功能，它能够把痛苦的过滤掉，把快乐的留下来。记忆把美好的回忆留下来，给过去的时间涂上色彩。如此，便有了人们常说的、常唱的"过去的好时光"。

第二十三讲　生命之书

讲授篇目

人是会思想的芦苇

　　法国哲学家帕斯卡尔有个著名论断："人只不过是一根苇草，是自然界最脆弱的东西；但他是一根能思想的苇草……一口气、一滴水就足以致他死命了。然而，纵使宇宙毁灭了他，人却仍然要比致他于死命的东西更高贵得多；因为他知道自己要死亡，以及宇宙对他所具有的优势，而宇宙对此却是一无所知。因而，我们全部的尊严就在于思想。"

人是会思想的芦苇，多美的比喻，人的生命是脆弱的，但人因为有思想而变得坚韧。一个生命来到人间走一趟，有什么意义可言呢？人这种动物就是爱思考，据说"人类一思考，上帝就发笑"，人类却不理睬这从天而降的不负责任的笑声，寻找存在的意义。佛教认为此生只是生命轮回的一环，基督徒认为今生受苦受难死后升入天堂。我自己思考的结果，生命是有价值的，人活着，就是尽量让自己的生命变得有用。

　　生命之书至高无上，

　　不能随意翻阅，也不能合；

　　精彩的段落只能读一次，

　　患难之页自动翻过；

　　当你想重温过去的绵绵情肠，

　　读到的却是生命临终的那一章。

　　　　　　　　——拉马丁《纪念册上的题词》

如果人生是一本书那该多好啊，那样我们可以随意跳过患难的章节，而在欢乐的章节久久驻足，流连忘返。可惜，生命不可逆转，我们只有老老实实一页一页读下去，怀着对时间的敬畏和对命运的憧憬，我们不要为永远不能到来的未来而活，不要幻想明天会更好，唯一值得我们珍惜的是现在，只有珍惜现在所拥有的一切，才是对生命之书的最高崇敬。

人生在世，总是背负着许多外加的期望，它们却未必都是你心中所愿。它们都和人的欲望有关，却和人的灵魂无关。兰陀在七十五岁生日回望人生，洒脱通达：

不与人争，无人值得我争，

　　爱的是自然，其次是艺术。

生命之火前我把双手烤烘，

　　火焰低落了，我准备离去。

　　　　　　　　——兰陀《七五生辰有感》

　　一个人对生命的态度，在他的墓志铭，在他的临终遗言里看得最鲜明了。诗句简洁，每一句都是一条人生哲理。"不与人争，无人值得我争"，智者的清醒。一个活了七十五岁的人回顾自己的生命，认为这世上没有什么东西值得我去跟别人争，因为最好的东西都是我自己得到的，不需要跟别人争也能有的。对自然的喜爱和享乐需要跟别人争吗？自我价值的实现需要跟人比较吗？艺术是心灵的追寻，不是去跟别人攀比得了多少奖，而是自己去创造美的东西。生命像一团火，我在这里烤火，把双手烘烤，感觉到人生的温暖，就是不虚此生了。火焰低落了，我就准备离去了，没有什么大不了的。

　　我享乐，按照我自己的标准，好好地过了一辈子。人活着只该与自己竞争，活出最好的自己，而不是与别人攀比，变成别人的复制品。物质和精神，两者谁重要？物质是人身体生存的基础，然而有了精神生活你的心才活着。把自己的身体安放在大自然之中，陶渊明之类的智者都是这样选择的；而艺术，是人类所能带给世界的最好礼物，无论你是消费者还是创造者，拥有艺术，你未必活得更好，却可以活得更多。

我为美死去

他躺在自己心向往之的地方，
好像水手离开大海归故乡，
又像猎人下山回到了家园。

——史蒂文生《安魂曲》

人生有限，有生也就必有一死，思索死亡，是为了清楚如何生活。因此，人生观也就是人死观。明白了死，就明白了生。史蒂文生死后，《安魂曲》就刻在他的墓碑上。面对死亡，诗人能如此从容，正是因为他心安理得地活过。

我为美死去，但是还不曾
　　安息在我的墓里，
又有个为真理而死去的人
　　来躺在我的隔壁。

他悄悄地问我为何以身殉？
　　"为了美。"我说。
　　"而我为真理，两者不分家；
我们是兄弟两个。"

于是像亲戚在夜间相遇，
　　我们便隔墙谈天，
直到青苔爬到了唇际，
　　将我们的名字遮掩。

——狄金森《殉美》

　　狄金森设计过自己死后的情境，两个灵魂在墓园相遇，然后聊起天来。互相询问对方："为何以身殉"，为什么献出一生？"我"说是为了美，美是艺术的最高追求，美就是艺术，人们以美与不美判断一部作品的好坏。"邻居"说是为了真理，为真理而死，这个人显然是人间的英雄，高尚的人。问死亡的原因，就是在问活着的理由。献身于美与献身于真理，都是优秀的人愿意选择的生活道路。这应该是诗人与一位牧师（狄金森的暗恋对象）之间的对话，"兄弟"与"亲戚"，都是精神伴侣的隐喻。对美的追求与对真理的追求是相通的。对真理的追求中有一种壮烈之美，对美的追求中有一种真理之美，也就是追求人世间的真相，这都是追梦人的形象。死后跟这样的人为伴也是可以很快慰的，所以两个人聊天聊到青苔遮掩了嘴唇。这种人用一个成语来说就是：死得其所。人活一生之后，能够当此一问的人没有白活。

　　在另一首诗《由于我无法驻足把死神等候》，狄金森道出了对死亡的看法：死亡并不是生命的终点，而是永生的起点，灵魂不会死，它会在另一个时空，以另一种形式活着。诗人把死神设想为一位彬彬有礼的新郎，用马车接上"我"这位新娘，悠然踏上永生之旅。狄金森是内心安详地了一生的人，只有这样的人，才能如同尊重生命一样尊重死亡。

　　　　世界上多少晶莹皎洁的珠宝，
　　　　埋在幽暗而深不可测的海底；
　　　　世界上多少花吐艳而无人知晓，
　　　　把芳香白白地散发给荒凉的空气。

　　　　　　　　　　——托马斯·格雷《墓园挽歌》

　　放眼墓园，诗人想到，多少美丽的生命没有好好活过 ——没有展现生命的价值，没有获得世人的了解，甚至没有好好爱过，珍珠深埋，花开凋零，这是对生命价值的沉思，质疑命运对穷人的不公，为普通人的生命鸣不平。不妨换一个思路：即使是深埋海底的珠宝，只要它曾经晶莹皎洁；即使是无人知晓的鲜花，只要它曾经吐露芬芳；只要是真真实实地活过，就不枉此生。"人不知而不愠，不亦君子乎？"

死亡也不能独霸四方

死亡也一定不会战胜。
赤条条的死人一定会
和风中的人西天的月合为一体；
等他们的骨头被剔净而干净的骨头又消失，
他们的臂肘和脚下一定会有星星；
他们虽然发疯却一定会清醒，
他们虽然沉沦沧海却一定会复生，
虽然情人会泯灭，爱情却一定长存；
死亡也一定不会战胜。

…………

虽然他们又疯又僵死，
人物的头角将从雏菊中崭露；
在太阳中碎裂直到太阳崩溃，
死亡也一定不会战胜。

——狄兰·托马斯《死亡也一定不会战胜》

世间最强的力量是什么？一定不会是死亡。狄兰·托马斯坚信：即便情人已死，但爱情长存；即便信徒殉教，但信仰依旧；即便死亡将一切销毁，但是死者的头颅中依然会绽放新生的雏菊。死亡也一定不会战胜，世间最强的生命，生命不会被消灭，它会以各种形式存在，因为灵魂是永生的！

> 我为自己建立了一座非人工的纪念碑，
> 在人们走向那儿的路径上，青草不再生长
> 它抬起那颗不肯屈服的头颅，
> 　　高耸在亚历山大的纪念石柱之上。
>
> 不，我不会完全死亡——我的灵魂在圣洁的诗歌中，
> 将比我的灰烬活得更久长，和逃避了腐朽灭亡，
> 我将永远光荣，即使还只有一个诗人活在月光下的世界上。
>
> …………
> 我所以永远能和人民亲近，
> 是因为我曾用我的诗歌唤起人们的善心，
> 在这残酷的世纪，我歌颂过自由，
> 　　并且还为那些没落了的人们，
> 　　　　祈求过怜悯同情。
>
> 　　　　　　　　　　　——普希金《纪念碑》

　　写这首诗时，普希金只有19岁，19岁的普希金就知道自己可以不朽了。他的诗琴，不仅是演奏爱情，少年普希金天然萌发出对世界的敏感，他自觉站在时代的前列，关心政治，与反对沙皇的十二月党人交往密切，用年轻而有力的诗歌给他们支持和慰藉。普希金深信艺术的力量可以比生命更久长，的确，这是屡试不爽的真理，伟大的艺术超越生命

与梦想，打败时间，永存于世。

世上那些为美和真理而活过的人，他们没有给世界留下商品和财富，他们甚至没有改变过一条街道，然而，他们努力把自己的生命价值"挥霍"到极致，他们改变了人心，给世界留下了美和希望。这样的人，是人间的星辰，一代代光耀世界。

> 此刻我正走出
> 世界的荒漠，
> …………
>
> 要是我在死后
> 所看到的事态
> 并不使我满意，
> 我很可能回来。

——弗罗斯特《走了》

这首诗写得很强悍。首先是对死亡的态度，死亡不是从伊甸园被赶出来，不是失去乐园，而是一种远走高飞，以另外一种方式存在于世上。朋友们不必为我悲哀，你们照样喝酒快乐，但是我事先提醒大家，在这个世界上你们要好好地活着，也要好好地对待，如果你们活得不像话，或者把这个世界糟蹋得不像话，说不定哪天我又会回来，找你们算账。真是强悍！我不仅在这个世上活一辈子，我也可能活很多辈子，我把我的精神遗产交给你们，你们去好好珍惜自己的生命吧，不要糟蹋了这个世界，也不要糟蹋了自己的生命。

第二十四讲　大地上的诗意永不消亡

讲授篇目

生命是诗意的源泉

人们把世界最美的状态称为诗境，把心中最美的意念称为诗意，把文字中最精妙的语言称为诗句，把最动人的画面和最能激发人的想象的言外之意称为诗情。人间最深情的一刻，是诗；人心最美丽的邂逅，是诗。诗歌，让我们亲近大地的美和人性的光辉。

诗意是什么？对生命最美的情感，对生活最佳的向往，对万物的善意、美好的态度，这些都是诗意，虽然我们的生活中诗意的时刻不多见，更多的是烦恼、痛苦的时间，但只要感情是真挚、美好的，烦恼、痛苦也可以是诗意的。追求诗意，就是对生活抱着向善、向美的态度；追求诗意，就是对生活充满柔情。

生命本身就是诗歌的来源，只要生命存在，就有诗意存在。

英国诗人济慈，他有一颗水晶般的纯真的诗心。济慈说，有诗意的一天是这样的：早晨，带上心爱的诗集，去一片安静的树林里，读诗、写诗。这么简单的生活真的有诗意吗？是的，因为真正用心生活的一天，心灵就会变得丰富，这就是诗意的一天。

> 世界上的诗意永远也不会停息：
> 　　在冬天孤寂的黄昏，当严霜寒冰
> 　　　　带来一片宁静，从火炉那儿传来
> 蟋蟀的歌声，在热烘烘的温暖里，
> 　　让昏昏欲睡的人宛如坠入梦境，
> 　　　　听见蚱蜢的歌声飘自青山之外。
>
> ——济慈《蚱蜢与蟋蟀》

大地上的诗意永不消亡，当炎炎夏日，鸟儿们都躲着乘凉，而蚱蜢却纵情歌唱；当冰雪寒冬，人们围着火炉打盹，有蟋蟀为你唱催眠曲，而你因此会梦见夏日的蚱蜢之歌。大地上的诗歌此起彼伏，诗意生生不息，永不消亡。

在中国文化意象中，杜鹃是司农事的鸟，又是惹人愁怨的鸟。而在英国诗人华兹华斯的诗里，杜鹃的意象全然相反，它是"快活的鸟"，甚至不是鸟，只是"飘荡的歌声"。

杜鹃哪！你这受祝福的鸟！

你使世界起了变化；

它像是成了缥缈的仙岛。

成了配得上你的家！

——华兹华斯《致杜鹃》

多么神气的杜鹃啊，世界因为它而美丽，而且要足够美丽才配得上杜鹃的歌声。这是对自由生命的歌颂，而自由是真正的诗意，所以这也是对诗意的歌颂。

被温柔压伤

叶赛宁的《狗之歌》，写穷人家的母狗生了七只漂亮的小狗，可主人养不起，将它们淹死在水里，诗中的主角是那只刚做了一天母亲的母狗：

她舔着两肋的汗水，

踉踉跄跄地返回家来，

茅屋上空的弯月，

她以为是自己的一只狗崽。

这是痛失儿女的悲哀与绝望。世间万物，皆为情生。这也是一位母亲呀，一位因为贫穷而遭受命运劫难的母亲，一位在人间依然随处可见的母亲，一位令人心碎的母亲。诗人对这样一位母亲表达了他的同情，深沉的哀恸。

塔特·休斯写《栖息着的鹰》，在鹰的眼里，"地球的脸朝上，任我察看"，鹰的利爪"控制着天地""我的举止就是把别个的脑袋撕下来"。诗中的鹰，是鱼肉人民的暴君和狂徒的形象，它把自己看作万物的主宰，把世界看作一盘菜，可以随意地掠夺、占有，以此来维持自己的生存。

我爱这只温驯的驴子
它沿着金雀花丛走着。

…………

去找那只驴子，
告诉它，我的灵魂。

跟它一样，清早
就在大马路上。

…………

它在阴影下走着，

被温柔压伤，
在开花的路途上。

——雅姆《我爱这只温驯的驴子》

一生归隐田园的雅姆，有点像陶渊明，因为对这个世界怀着刻骨的深情而与之保持着客气的距离。"被温柔压伤"，敏感而显得脆弱，多情而容易受伤，正是世上所有纤细善良的灵魂的生存状态啊。驴子温驯，隐士与世无争，却是真诚活着的生命，怀着深情，受苦受难，依旧一往情深地爱着这个世界。无边无际的苦难，也敌不过无边无际的爱。

为了那一声鸟鸣

古人云：家国不幸诗家幸。说的是诗人只有历经世事动荡、人生苦难，才会写出真切的诗歌。然而，人的本性是追求幸福、享受幸福，那些没有故事的国家和时代，是幸福的国家和时代，平安无事的人生，是幸福的人生。

> 总会有一种普普通通的生活吧，
> 光，是那么透明、喜悦、温暖……
> 黄昏时，芳邻和姑娘隔着篱笆交谈，
> 他们的喁喁情话
> 只有蜜蜂才能听见。
>
> ——阿赫玛托娃《无题》

千回万转，几经沧桑，诗人乞求：总会有一种普普通通的生活吧，有温暖的阳光，有同甘共苦并幸存下来的朋友，有黄昏篱笆边的情话，还有诗神缪斯的悄声细语……这是平静的日子，不要有粗暴的变化，安静地活着，那就是诗，那就是美。普通的生活，其实已经诗意圆满。

> 把面包称为面包，但愿
> 每日的面包出现在餐桌上；
> 把属于汗水的给汗水，属于梦的给梦……
>
> ——帕斯《朴素的生活》

帕斯赞成一种"朴素的生活"，名副其实，表里如一，有章可循，有法可依。有个美国作家宣称："我所知道的一切，都在幼儿园学过。"

大道至简，人类生活的基本常识，的确在幼儿园就学过，只是成年之后的人们纷纷忘记了。

> 那只是一只鸟在晚上鸣叫，认不出是什么鸟
> 当我从泉边取水回来，走过满是石头的牧场，
> 我站得那么静，头上的天空和木桶里的天空
> 一样静。
>
> 多少年过去，多少地方多少脸都淡漠了，有的人已谢世
> 而我站在远方，夜那么静，我终于肯定
> 我最怀念的，不是那些终将消逝的东西，而是
> 鸟鸣时那种宁静。
>
> ——沃伦《世事沧桑话鸣鸟》

人生短暂，鸟鸣永恒，为了那一声鸟鸣，为了这天清地静的人间，我们要肯定岁月静好的生活，肯定这个容忍人肆意妄为的大千世界，肯定这悠悠不尽的生命之流。

人诗意地栖居在大地上

> 主啊，是时候了。夏天盛极一时。
> 把你的阴影置于日晷上，
> 让风吹过牧场。
>
> 让枝头最后的果实饱满；
> 再给两天南方的好天气，
> 催它们成熟，把

最后的甘甜压进浓酒。

谁此时没有房子，就不必建造，
谁此时孤独，就永远孤独，
就醒来，读书，写长长的信，
在林荫路上不停地
徘徊，落叶纷飞。

——里尔克《秋日》

　　人栖居在大地上，心可以和上苍对话，怀着谦卑和虔诚，祈祷土地丰收，葡萄甘甜，大自然安好如初；同时，怀着清醒的自我意识，强悍的骄傲，人懂得让自己的心灵这颗葡萄"把最后的甘甜压进浓酒"，那就是：不惧漂泊在大地上，穿行在孤寂的城市。读书，与前人对话，让内心丰盈；写信，让世间孤寂的灵魂相偎相依。任落叶纷飞，生命凋零，人永远行进在大地上。如此，人与自然一并沉入丰收的秋天。

从明天起，做一个幸福的人
喂马，劈柴，周游世界
从明天起，关心粮食和蔬菜
我有一所房子，面朝大海，春暖花开

从明天起，和每个亲人通信
告诉他们我的幸福
那幸福的闪电告诉我的
我将告诉每一个人

给每一条河每一座山取一个温暖的名字
陌生人，我也为你祝福

　　　愿你有一个灿烂的前程

　　　愿你有情人终成眷属

　　　愿你在尘世获得幸福

　　　我只愿面朝大海，春暖花开

　　　　　　　—— 海子《面朝大海，春暖花开》

　　海子告诉我们，幸福是触手可及的，那就是怀着深情，过一种人性的朴实的生活，感受幸福，传播幸福，祈祷幸福。"从明天起，做一个幸福的人"，那么从今天起，就开始爱这个世界吧，让世界以幸福回报你。如果世人求福得福，那么，人类生活将如大海一般广阔自由，我的内心诗情灿烂，如春暖花开。

　　这个世界因为有了诗意才变成一种美好的存在。一个人越长大，有两种情感就越是交织不断，一个是理想主义，一个是现实主义。理想主义认为我们应该有一个美好的世界，然后去描绘一个人生蓝图；另一个是现实主义，你逐渐认可了这个世界的丑陋和混乱，和光同尘，接受这就是我们生存的世界的真相。在这两种情感此消彼长的时候，哪一个占上风，就决定了你这一辈子的人格品质和生命质量。如果你很早就变成了一个现实主义者，认定了世界就这样了，于是按部就班，随波逐流地活着，那么你将在人世间苟且一生。你也可以不这样，你知道世界固然混乱不堪，但是希望改变它，使它更美好。所谓英雄主义是什么？就是看清了世界的本来面目，依旧热爱它。这才叫真正的英雄主义。如果你愿意做这样的人，你的人生就可能有点不一样。

　　很高兴大家听了一学期"青春读书课"，很多与你们的考试无关的东西，我是凭着自己的感觉在教给你们，而且我是以自己的偏见认为这些东西可能是在你们这个年龄需要知道的。至于是不是真的需要，请大家原谅我的自作多情。好，下课！

致谢

1999 年，深圳育才中学校门口的大榕树下，每周四会出现一块小黑板，上书：每周给文学一小时，悄悄滋润你的青春；读书课堂，来去自由；不分年级，没有学分；本周讲题：……（比如：我们需要一场灵魂拷问？）

这就是"青春读书课"最早开张的样子。我直钩悬水，你愿者上钩。迄今，二十余年了。我可以慨然一声：我追求过我理想中的语文。

一门课，变成一套书、一套教材，变成一套畅销书、一套畅销教材，变成一个文化现象，这是许多人心眼合力的结果。

或许，只有在蛇口这个改革试管中的学校，才会允许我做这样没有先例的试验，在特殊的意义上，深圳，只有一个育才。时任校长王庭尧，数学老师出身，却终于同意一个年轻的语文老师的冒险，其中的风险与胆识，堪称正比，惊险的比例。这门课一度遭遇某种质疑，时任校长曹衍清巧妙维护，而深圳读书月持续将这套书列入全民阅读书目，堪称精彩的平衡。

我感恩育才，感激深圳。那些正直力量的助力，增添我破空前行的勇气。

从校本教材到商务版再到海天版，从初版到修订版再到珍藏版，从育才到全国数百所中学，我听见了远远近近的同仁的呼应，也耳闻了高高低低的民间的呼声，我见证了特区出版人的坚守，那些理想的光芒，让我们映照了彼此的生命。

与"青春读书课"同时面世的春韵网站上，不断有各地同仁要求我发布授课笔记。这样一套没有教参的读本，该如何讲授，大家都在探索，并希望看到来自大本营的消息，于是，我为这门选修课设置了课代表——"青春读书课"版主，每一届听课同学中总有一两位慨然应命，自愿承担这个费时费力的工作，同步将听课笔记发布在春韵网上，并与全国师生在线交流，砥砺前行。

从首任版主杨建梁同学，为每一讲收集众多参考材料，引导大家拓展思维，到张木子、张铂镭等众版主，一笔不苟地全程文字实录，效率不亚于专业速记员。其中钟立普同学，因为要选修别的课程而被迫告别了版主的职务和读书课堂，却恳请同学帮忙课堂录音，课后自己输入成文字版在网上发布，就这样坚持了一年。因为一门课，我们彼此眷恋，且感动彼此。

这些年轻的脸庞，这些明亮的眼神，这些激情洋溢的青春，这些纯净向善的灵魂，伴随着这些文字，呈现于你的眼前，就是你手上的这本书，我们多年来在深圳育才中学讲授"青春读书课"的课堂实录。

如今，在读者的要求下，讲义整理出版。

是"青春读书课"版主们不辞辛劳，保留了课堂现场的原声。

他们的名字是：

杨建梁、张木子、张铂镭、钟立普、李天下、苏蔓菲、赵宏明、邓亮宏、陈奕熹、王子雍、曾珈琦、王瑜晖、郑文静、郑绮云、董捷……

谢谢你们的陪伴，感激你们的付出。

愿"青春读书课"成为你黄金时代的辉煌记忆。

严凌君

2020年冬至于蛇口